간결한 걸작이다. 저자는 세계 최대 복음주의 신학교의 총장답게 신학적 통찰과 명료한 논리로 기독교적 소명의 담론을 채운다. 그러면서도 30년 넘게 쌓아 온 목회 내공을 유감없이 발휘하여 이 깔끔한 담론이 증발되지 않고 우리의 고민, 우리의 이야기로 생생히 다가오게 한다. 영혼을 파고드는 영적 안목은 풍성하며 소명을 찾는 이들의 사연은 현실적이다. 각 장의 끝에 제시된 실천 지침은 방금 읽고 깨달은 의미를 머리에서 가슴으로, 가슴에서 손과 발로 이어지는 여정을 안내한다. 혼자 읽기 아까운, 반드시 누군가와 함께 읽고 나누고 싶은 책이다.

김선일 | 웨스트민스터신학대학원대학교 교수

지금까지 우리는 소명이란 개념을 주로 하나님과의 개인적 관계나 외적 활동으로 인식되기 쉬운 직업과 관련해 정태적으로 이해해 왔다. 저자는 이 시대 수많은 삶의 조건들에 대한 통찰을 바탕으로 소명의 의미와 목표를 실천적으로 해석하며 오늘 우리의 삶의 비전을 좀더 구체화하도록 돕고 있다. 개혁 신앙의 핵심 요소인 소명 사상에 대한 이해를 한걸음 전진시켜 준 귀한 작업이다.

오형국 | 한국성서유니온선교회 연구훈련원장

모두가 지금을 위기의 시대라고 한다. 그렇다면 위기의 근원은 무엇인가? 저자는 "지금 우리가 겪는 위기는 소명에 대한 위기"라고 말한다. 그렇다면 소명, 즉 부르심이란 무엇이고, 어떻게 발견하며, 어떻게 우리 삶에서 구현할 수 있는가? 이 책에는 이 중요한 질문에 대한 답이 있다. 부르심에 대해 깊이 고민하고 있는 사람들, 예수 제자 됨의 의미를 생각하며 "그럼 우린 어떻게 살아야 하는가?"를 묻는 분들에게 지침이 될 귀한 책이다. 일독을 권한다.

이태형 | 전 국민일보 기독교 연구소장, 『더 있다』(규장) 저자

부르심에는 분명한 목적이 있다. 그러나 길 잃은 세상에서 그 목적을 찾고 성취하기란 쉽지 않다. 「제일 소명」은 '무엇'을 하며 사는 것이 부름받은 자다운 삶인지 고민하는 그리스도인들에게 소명의 방향성과 실천 방법을 제시함으로 부르심에 합당한 그리스도인의 모습이 무엇인지를 보여 준다. 책을 읽는 이들이 소명에 의해 좌우되는 삶을 살기를 소원한다.

진재혁 | 지구촌교회 담임목사

마크 래버튼은 '국제 정의 선교회' 사역 전반에서 지혜로운 조언자요 친구가 되어 우리와 함께 세상에서 정의를 추구하라는 하나님의 초대에 응답해 왔다. 이 책에서 그는 긴급한 주제를 다루면서 명료함의 은사를 한껏 발휘한다. 예수님은 "나를 따르라"고 말씀하시면서 그 방법도 보여 주셨다. 그것은 사랑이다. "하나님을 사랑하고, 네 이웃을 사랑하라." 저자는 "사랑하라"는 이 단순하고도 강력한 부르심을 제대로 이해하도록 돕는다. 이것은 우리가 긴급히 알고 행하고 살아야 할 부르심이다. 우리가 이 부르심에 응답할 때, 하나님은 세상을 변화시키실 것이다.

게리 하우겐 | 「정의를 위한 용기」(IVP) 저자

마크 래버튼은 신선한 말과 강력한 그림 언어로 독자들에게 심오한 진리를 쉽게 전달한다. 놀라운 은사다! 「제일 소명」은 머리와 가슴 모두를 위한 건강한 음식이다. 마크 래버튼은 아름답지만 깨어진 이 세상에서 예수님의 거대한 삶을 살아 내라고 강력히 권고한다. 그러면서도 당신이 이 삶을 홀로 살아 낼 수 없다는 사실을 강조한다. 이런 삶은 "나를 따르라"는 예수님의 단순한 부르심을 받은 다른 사람들과 함께할 때에만 가능하다.

데니 리드버그 | 영라이프 선교회 대표

「제일 소명」을 읽는 것은 아프리카의 태양 아래서 길고 지루한 도보 여행을 마치고 마침내 냉수를 한 잔 마시는 것과 같았다. 한마디로 속이 시원하다. 새로운 힘이 생긴다. 실제적이다. 그러나 또한 괴로움을 주기도 한다. 안타깝지만 그의 진단이 진실이기 때문이다. 오늘날 예수 그리스도를 따르는 일은 위기를 맞고 있다. 우리가 고백하는 내용, 우리 삶과 태도, 우리 자신과 교회의 모습이 우리를 향한 최우선의 부르심과 충돌하기 때문이다. 그러므로 「제일 소명」은 회개하라는 부름이다. 각 장을 읽어 가며 나는 예수님께 부르짖을 수밖에 없었다. "주여 우리를 불쌍히 여기소서, 자비를 베푸소서."

데이비드 잭 니링기예 | 우간다 성공회 캄팔라 교구

기독교적 리더십은 자신의 제국을 건설하기 위한 고안물이 아니라 하나님 나라를 향한 소명으로부터 발생한다. 「제일 소명」은 우리로 하여금 예수님을 따르는 우리의 소명을 갱신하며, 하나님 나라를 위한 섬기는 지도자가 되라고 도전한다. 이 소중한 책을 통해 우리는 원숙한 한 지도자의 발아래 앉아 배울 수 있는 기회를 얻었다. 그의 통찰력 있는 이야기와 실제적인 제안은 우리에게 소금과 빛의 삶을 살라는 박차를 가한다.

라승찬 | 노스파크 신학교 교수

마크 래버튼은 내 인생의 중요한 순간마다 지혜로운 조언을 해주었던 나의 멘토다. 그의 지도력을 접하는 사람들은 수많은 '아하!'의 순간들을 경험하는데, 「제일 소명」은 바로 그런 중요한 통찰을 선물 꾸러미처럼 모아 둔 책이다. 예수님을 따르는 사람이라면 누구나 읽고 또 주위에 널리 권해야 한다. 우리가 날마다 하나님과 동행하면서 기억해야 할 진실을 심오하면서도 명료하게 제시해 주기 때문이다. 우리를 부르시는 분도 하나요, 우리가 따라야 할 부르심도 하나다. "나를 따르라!"

베서니 황 | 국제 정의 선교회 연구소장

예수님이 시작하신 새로운 공동체는 주변 문화와는 전적으로 다르다. 용서, 사랑, 화해, 투명함 등은 오늘과 같은 분열, 가식, 양극화의 세상에서 점점 더 두드러지는 덕목이 되고 있다. 신뢰할 수 있는 문화 비평가이며 성경적 안내자인 마크 래버튼은 그리스도를 따르는 사람들이 단지 생존을 넘어 번성에 이를 수 있는 중요 원리와 검증된 실천 방법을 제시한다. 각 장의 마지막 부분에 나오는 실천적 제안들을 제대로 행한다면, 이 땅을 변혁할 큰 힘이 발생할 것이다.
스티브 하아스 | 미국 월드비전 부대표

너무도 자주 우리는 '소명'에 안주한다. 그 소명이란 거룩으로 포장된 개인주의며 자아의 얕은 물에서 노는 행위에 지나지 않는다. 이 책은 더 깊은 질문들을 추구한다. 그것은 그리스도인의 삶의 핵심이 되는 번성, 희생, 공동체, 변혁에 관한 질문들이다.
앤디 크라우치 | 크리스채너티투데이 편집자, 「컬처 메이킹」(IVP) 저자

예수님을 따르는 것은 인류에게 주어진 위대한 기회이며 동시에 두려운 도전이다. 마크 래버튼은 「제일 소명」을 통해 삶의 궁극적인 길을 비추는 생생한 빛을 던져 준다.
존 오트버그 | 멘로파크 장로교회 목사, 「예수는 누구인가?」(두란노) 저자

이 책은 비전을 주는 따뜻한 초대다. 저자는 우리로 하여금 예수님을 따르는 삶의 기쁨을 재발견하도록 초청한다. 기도와 행동, 평범함과 특별함, 고난과 기쁨, 지구적인 문제와 지역적인 문제, 개인적 참여와 공동체적 참여를 갈라 놓는 단순한 이분법을 거부하고, 포괄적인 성경적 비전을 펼쳐 보인다. 개인과 교회를 위한 강력하고도 생산적인 자료가 될 것이다.
존 위트블리엇 | 캘빈 칼리지 기독교 예배 연구소 소장

마크 래버튼의 글을 읽으니 예수님의 친근한 음성을 듣는 것 같다. "바로 이거야. 내가 말하고 싶은 게 바로 이거야." 이 책은 혼란에 빠진 교회로 하여금 가장 심오하고도 근원적인 질문으로 돌아가게 한다. '예수님을 따르는 것은 과연 무엇인가?'

크레이그 반즈 | 프린스턴 신학교 총장

제일 소명

IVP(InterVarsity Press)는
캠퍼스와 세상 속의 하나님 나라 운동을 지향하는
IVF(InterVarsity Christian Fellowship)의 출판부로서
생각하는 그리스도인을 위한 문서 운동을 실천합니다.

Originally published by InterVarsity Press
as *Called*
ⓒ 2014 by Mark Labberton
Translated and printed by permission of InterVarsity Press,
P.O. Box 1400, Downers Grove, IL 60515, U.S.A.
All rights reserved.

Korean edition ⓒ 2014 by Korea InterVarsity Press
156-10 Donggyo-ro, Mapo-gu, Seoul, 04031 Republic of Korea

제일 소명

세상을 위한 하나님 백성의 제자도

마크 래버튼 | 하보영 옮김

용감하게,
기쁨으로 예수님을 따르는 형제
잭에게

차례

한국어판 서문   15

머리말 | 풍성한 삶   17

1 | 번성하라는 부르심   23

2 | 길 잃은 세상, 길 잃은 교회   37

3 | 제일 소명   53

4 | 삶의 자리 바로잡기: 우리는 어디로 부름받았는가?   63

5 | 삶의 방식 바로잡기: 우리는 어떤 삶으로 부름받았는가?   81

6 | 삶의 초점 바로잡기: 우리는 누구를 위해, 무엇을 위해 부름받았는가?   95

7 | 사랑의 여정   115

8 | 지혜의 여정   135

9 | 고난의 여정   145

10 | 하나님은 무엇을 하라고 나를 부르시는가?   157

맺음말 | 가장 중요한 것: 빛과 소금   185

감사의 글   199

주   201

한국어판 서문

이 책이 한국어와 영어와 스페인어로 동시에 출간된다는 소식을 들으니 매우 기쁩니다. 특히 한국어판의 출간은 나에게 큰 영광입니다. 한국 교회 안에서 이 책이 하나님 사역의 작은 도구가 되길 소원합니다. 생명력 넘치는 한국 교회가 그리스도의 제자가 되고자 하는 이들을 양육하는 일에 보여 준 열정과 헌신을 생각하며, 이 책을 겸허한 마음으로 한국 교회 앞에 내어놓습니다.

그리스도를 신실하게 따르라는 부르심은 우리 모두를 향한 부르심이며, 오늘날 이 부르심을 살아 내는 데는 많은 기회와 도전이 있습니다. 부디 이 책이 많은 한국인들의 손에 들려져 유익하게 사용되기를 기도합니다.

마크 래버튼

머리말

풍성한 삶

기독교 신앙을 받아들일지 고민하던 대학 시절 내가 가장 두려워하던 것은, 신앙이 삶을 확장시키기는커녕 사랑도 기쁨도 창의성도 사회 참여도 줄어들게 만들어 내 삶을 축소시킬지도 모른다는 점이었다. 실제로 내가 만난 그리스도인 가운데 이런 우려가 사실임을 보여 주는 산증인들이 많았다. 하지만 결국 나는 그리스도를 믿게 되었는데, 이는 예수님이 내가 두려워했던 작은 삶으로부터 인간을 구원하신다는 사실을 발견했기 때문이다. 나는 다른 어디에서도 찾을 수 없는 더 큰 삶이 하나님 나라의 본질임을 알았다.

우리가 직면한 거대한 도전을 해결하기에는 복음이 너무 작고 편협하다는 이유로 복음을 거부하는 사람들이 많다. 어쩌다 우리가 이러한 시대에 살게 되었는지 나는 알고 있다. 현실 세계와 그 복잡함을 논하기에는 그리스도인의 삶이 너무 제한적인 것도, 또 이런 삶이 풍성함이나 자유나 기쁨으로부터 얼마나 동떨어진 듯 보이는지도 아주 잘 알고 있다. 복음주의 지도자 존 스토트(John Stott)의 연구 조수로 신앙의 초창기를 보내면서, 나는 그가 공과 사 모두에서 신실한 사람임을 눈으로 보았다. 그는 보이는 곳에서는 걸출한 설교가였고, 보이지 않는 곳에서는 많은 사람들의 목자였다. 그의 삶을 지켜보면서 나는 예수님을 따르는 이의 삶이 풍성함과 직결되어 있음을 확신할 수 있었다.

함께 인도와 방글라데시를 방문했을 때, 나는 이 세계적 지도자의 가장 인상적인 설교를 듣게 됐다. 어둠침침하고 허름한 뜰 안에 작은 아궁이와 검게 그을린 냄비가 놓여 있고, 몇 안 되는 식구가 사는 소박한 집 몇 채가 자리잡은 동네에서 행한 그의 설교에서 나는 존과 그의 설교를 듣는 이들이 공유했던, 그리고 바로 내가 바라던 풍성한 삶이 그들 안에 있음을 발견했다. 그들의 내면은 자유로웠고, 그들은 더 이상 작은 존재가 아니었다.

오래전 존은 미얀마에서 목회자로 섬기는 친구로부터 친밀한 사랑을 베풀어 달라는 요청을 받은 바 있었다. 친구가 말했다. "존, 내가 섬기는 곳은 임종을 앞둔 어머니가 계신 마드라스에서 너무 멀리 떨어져 있다네. 나보다 자네가 어머니를 먼저 뵐 수 있을 것 같군. 어머니는 가난하고 쇠약해지셨고 이도 하나씩 빠지고 있네. 혹 인도에 가거든 어머니를 좀 심방해 주지 않겠나?"

그래서 우리는 변변한 정보도 없이 연로하신 친구 어머니를 찾아 길을 나섰다. 3시간 전 떠나면서 보았던 잘 정비된 건물들과는 너무도 판이한 판잣집과 임시 천막이 즐비한 거리를 몇 시간 동안 사람들의 시선을 의식해 가며 샅샅이 찾은 끝에, 우리는 친구 어머니의 집 앞에 도착했다. 마침내 어두컴컴한 곳에서 어머니가 모습을 드러냈다. 쇠약했지만 기쁨에 찬 눈물을 글썽이며 환한 얼굴로. 어머니는 한사코 존의 발치에 무릎 꿇고 그 발에 입을 맞추었다. 둘은 통역을 통해 한동안 대화를 나누었다. 우리가 돌아가야 할 즈음, 어머니는 존에게 설교와 축복 기도를 부탁했다.

존을 위해 진흙 바다 한가운데 존경의 마음을 담은 작은 카펫이 깔렸다. 강대상 없이 설교하는 것이 익숙하지는 않았을 터임에도 존은 요한복음 3:16 말씀으로 설교를 시작했다. 가장 존 스토트다운 모습이었다. 예수님과 친구를 향한 사랑으로 가득했던 그는 가난 속에서도 이방인이 아닌 하나님의 자녀라는 믿음을 지킨 친구 어머니에게 말씀을 전했다. 아들에게 믿음의 유산을 물려 준 어머니는 존의 중보기도를 통해 아들의 감사를 전해 받았다. 존의 기도는 군더더기 없이 명쾌했고 그의 어조는 사랑과 위엄으로 가득했다. 그가 전한 말은 지적으로는 날카로웠고 전달력은 완벽했으며, 그의 확신은 친밀하고 부드러웠다. 그는 어머니에게 하나님의 선하심을 온전히 드러냈다. 존 스토트 생애 최고의 설교였다. 그리고 그 설교는 예수님의 제자 됨에 대한 나의 관점을 형성했다.

하나님의 풍성한 은혜가 드러난 장면이었다. 미얀마의 한 목회자,

인도의 한 과부, 세계적인 명성을 가진 한 영국인 목회자와 그의 젊은 미국인 인턴. 우리는 그리스도의, 그리스도에 의한, 그리스도 안에 있는 가족으로서 매우 깊이 연결되었고, 우리 모두와 우리의 보잘것없는 상황을 뛰어넘은 어떤 초월성이 우리 안에 있었다.

이 경험을 통해 나는 마음과 정신을 변화시키는 풍성한 삶이 무엇인지 알 수 있었고, 어떤 길을 가든 어디에 있든 매일 예수님의 제자로 사는 공통된 소명을 실천하는 수많은 형제자매들에게서 이러한 삶을 지속적으로 발견할 수 있었다. 이는 하나님이 세상을 이처럼 사랑하사 선물로 주신 독생자가 우리의 마음과 삶을 재정립하고 확장시켜 준다는 좋은 소식의 증거다.

존의 삶은 이후에 내가 복음의 범세계적 영향력을 더 잘 이해하도록 도와준 분기점이 되었다. 많은 사람들이 존의 설교 속에서 "우리 하나님은 온 세계의 하나님"이라 선포하는 것을 보고 들었겠지만, 나는 이를 런던에 있는 그의 작은 아파트에서, 그가 하는 말에서, 그의 기도와 편지에서까지도 볼 수 있었다. 하나님은 분명 사역을 위해 은사를 주시지만 더 큰 영향력은 인격, 곧 성령의 열매를 통해 발휘된다. 카리스마, 유쾌함, 인기, 매력, 지혜도 중요하다. 그러나 더 위대한 증언은 일상의 행위 안에서 지속적으로 드러나는, 예수님의 사랑으로 빚어진 인격에서 나온다. 그날 나는 존의 설교에서도, 어머니의 믿음에서도 이를 목격했다.

하나님 나라는 늘 가깝고 친밀하지만 결코 좁지도 작지도 않다.

바로 이것이 사람들을 예수님에게로 이끌었고, 지금도 이끌고 있다. 그러나 이 모두는 "나를 따르라"는 예수님의 말씀에 대한 우리의 반응에 달려 있다. 예수님을 따르는 것은 교회를 세우고 정체성을 부여하신 하나님의 가장 중요한 소명이다. 우리가 예수님의 제자 된 삶을 보여 줄 때 우리는 하나님 사랑의 진정한 증인이 된다. 그러나 실제로 우리는 그렇지 못하다. 우리는 마땅히 세상을 위한 선물이어야 하지만, 세상이 이 선물을 구하거나 받지 못하는 것이 현실이다. 세상은 소명을 실제로 실천하며 사는 교회를 필요로 한다. 그것도 절실히.

교단 간 불일치, 교회에 대한 충성도 감소, 육체적·재정적 타락이나 다른 걱정스러운 변화에 대처하는 방법을 마련한다고 해도, '교회 내에서' 이러한 위기를 해결할 수는 없다. 이는 마치 물 한 방울 없는 수영장에서 수영 강습을 하는 것과 같다. 또한 "내 삶을 향한 하나님의 부르심은 무엇인가?"라는 질문을 통한 개인적 각성으로도 이러한 위기를 해결할 수 없다. 자신의 삶을 향한 하나님의 뜻을 묻는 것은 진지하긴 하나 개인주의적이며 하나님의 백성이 지녀야 할 공통된 소명을 간과할 때가 많다.

그러나 우리는 "다르게 살라"는 소명을 실천하셨던 예수 그리스도를 중심으로 우리 삶을 새롭게 정립할 수 있다. 우리의 상황, 직업, 관계가 어떻든, 예수님을 따르는 것이 바로 우리가 매일 해야 하는 가장 중요한 과제다. 우리의 삶은 아름다움과 공포 그리고 그 사이에 존재하는 모든 것들 속에서 펼쳐진다. 우리가 헌신하는 모습이 다양하듯, 우리에게 주어진 기회도 다양하다. 인간의 경험은 우리가 감당할 수 없을 만큼 광범위하다. 이는 일부가 특혜를 누리며 사는 동안 훨씬 더 많은 수가 빈곤과 폭력과 불의의 대상이 되고 있다는 뜻이기도 하다.

아름다운 삶이든 고통스러운 삶이든, 삶의 전부는 하나님의 임재로 가득 찰 수 있다. 예수 그리스도 안에서 육신이 되신 말씀, 곧 성경을 통해 말씀하시는 하나님에게는 모든 삶이 귀중하다. 하나님은 우리를 사랑하시고 우리를 치유하시려고 예수 그리스도의 모습으로 우리에게 오셨다.

하나님의 백성으로 구성된 공동체인 교회는 이런 초월성의 매개체이자 증거가 되어야 한다. 이것이 바로 오늘날 예수님을 따르는 삶에 수반되는 위기이자 약속이다.

1. 번성하라는 부르심

장거리 비행 중에 내가 가장 좋아하는 존 콜트레인(John Coltrane)의 음악을 들은 후, 최근에 다운로드만 하고 듣지 않았던 음악 파일을 열었다. 조슈아 벨(Joshua Bell)과 '아카데미 오브 세인트 마틴 인 더 필즈'(Academy of St. Martin in the Fields)가 연주한 비발디의 〈사계〉가 녹음된 음반이었다. 강렬하고 열정적인 이 곡은 지난 몇 해 동안 나에게 중요한 의미를 던져 주었다. 벨과 오케스트라가 녹음 과정에서 매우 극적인 악절을 연주한 동영상이 음반에 들어 있는 줄 나는 미처 몰랐다. 파일을 열었더니 갑자기 영상이 시작됐다.

깜짝 놀란 것도 잠시, 나는 곧바로 그 영상과 음악에 완전히 빠져들었고 깊은 감동을 받았다. 마치 무아지경에 빠진 듯했고, 음악이 멈추자 숨이 멎을 것만 같았다. 당장 승무원을 불러, 내 인생이 완전히 바뀌었음을 모두에게 알릴 수 있도록 마이크를 써도 되는지 묻고 싶을 정도였다. 그 짧은 3분 동안 나는 인류의 번성(human flourishing)이 무슨 의미인지 생생하게 보고 들을 수 있었다.

영상 속 연주자들은 모두 각자의 배경과 성격을 반영하는 일상복을 걸치고 자신이 맡은 악기와 연주로 교향곡 전체에 기여했다. 그 순간 그 누구도 빠져서는 안 되는 존재였다. 각 사람은 누구도 대신할 수 없고 오로지 자신만이 할 수 있는 역할을 했다. 세계 최고의 바이올리니스트 중 한 명인 벨은 비발디 작품의 절묘한 부분을 멋들어지게 연주하는 동시에 오케스트라 전체를 지휘했다. 부분은 물론 전체도, 개인은 물론 공동체 전체도 번성하도록 말이다.

그날 비행기 여행 이후 나는 이 짧은 영상을 수없이 보았고, 방금도 또 보았다. 영상을 볼 때마다 나는 이 작품을 창조해 낸 인간의 상상력이, 이 작품을 연주할 수 있는 예술적 기교와 재능과 감성과 훈련이, 개인을 매우 소중하고 필요한 존재로 받아들여 주는 다양성이 인정되는 공동체가, 그리고 지휘와 연주를 동시에 해내는 벨의 탁월한 재능과 리더십이 그저 경이로울 따름이다.

이는 인간의 번성을 드러낸 정확한 예다. 번성은 언제나 하나와 여럿이 공존하는 것이다. 생명을 주는 동시에 창조적이며, 독특한 동시에 보편적이며, 열정적인 동시에 의미 있는 것을 인식하고 표현한다. 인간의 번성에 담긴 이러한 특성은 문화와 시대를 초월하여 나타난다. 또한 형식적인 동시에 일상적이고, 공적인 동시에 사적이고, 보편적인 동시에 예외적이어서, 집에서도, 가족 안에서도, 운동 경기장에서도, 비즈니스 모임에서도, 교실에서도, 돌보는 공동체 안에서도, 기쁨은 물론 고통 속에서도, 가난은 물론 부유함 속에서도, 그 어떤 언어나 매체나 맥락에서도 번성은 가능하다.

성경을 통해 그리고 예수 그리스도의 몸을 입고 우리에게 나타나신 하나님은 번성하는 세계 속에서 사람들이 번성하기를 원하신다. 이것이 하나님의 진정한 의도이자 약속이다. 하나님이 인간을 창조하신 것은 인간으로 하여금 하나님의 뜻을 이루는 데 협력함으로써 번성케 하시려는 것이다. 그러나 안타깝게도 성경은 하나님의 형상을 드러내고 창조 세계를 관리하라고 동역자로 창조된 인간이 하나님의 뜻을 저버렸음을, 그럼에도 사랑과 신실함으로 쉬지 않고 우리를 찾으시는 하나님에 관한 이야기를 들려준다. 하나님은 성부, 성자, 성령 삼위일체의 넘치는 번성을 우리와 나누시며, 그 번성은 우리의 희망이자 구원이 된다.

오늘날 세상을 향한 하나님의 뜻과 하나님이 세상을 찾으신다는 사실을 분명히 보여 주는 증거가 되는 것, 이것이 예수의 제자인 당신과 우리, 곧 교회의 소명이다. 우리는 인류를 향한 이 소명을 완수함으로써 삶의 진정한 목적을 보여 주고, 우리를 통해 예수 그리스도 안에서 육신이 되신 말씀을 드러내야 한다. 성령을 통해 예수 그리스도 안에 번성하는 사랑과 은혜와 진리의 첫째가는 증거로 살아야 한다.

예수님이 제자들에게 세상의 소금과 빛이 되라 하신 이유가 이 때문이다. 신약성경에서 유일하고 권위 있는 증인들(곧 제자들)은 예수 그리스도의 삶과 죽음, 부활과 성령의 선물에 초점을 맞췄다. 하나님 아버지께 돌아가시면서 예수님은 하나님 나라의 일을 그분의 백성에게 맡기셨다(마 28장; 요 21장).

하나님 나라가 성령에 의한 하나님의 사역이지만, 이것이 우리가 생명력 없는 영적 마네킹이라는 뜻은 아니다. 오히려 우리는 능동적이고, 의지를 가진, 하나님 나라의 열매 맺는 일꾼이 되어야 한다. 성령은 (정직함과 겸손함 가운데) 우리 자신으로 살게 하시고, (사랑과 희생 안에서) 우리 이상의 존재로 살게 하시기 때문이다. 이 세상에서 이렇게 사는 것은 결코 쉬운 일이 아니다. 이것이 계시가 필요한 이유이며, 그 계시를 따라 사는 것이 하나님의 목적에 속하는 이유이다.

성경적 소명

소명이라는 단어는 다양하게 해석될 수 있으므로, 이 책에서 이 말이 무엇을 의미하는지 명확히 해 두자.

간단히 말해 소명이란, 우리와 세상을 향한 하나님의 사랑을 받아 그 사랑을 실천하며 사는 삶이다. 하나님이 주신 우리의 모든 존재로 하나님을 사랑하고, 우리 몸과 같이 이웃을 사랑하라는 큰 두 계명의 의미가 바로 이것이다. 하나님의 사랑은 성경 전체에 걸쳐 나타나지만, 특히 예수님의 삶에서 가장 잘 드러난다. 우리에게 주신 소명은 바로 하나님과 사랑으로 교제하고 하나님이 만드신 이 세상을 사랑하는 것이다. 그리고 이 소명은 우리의 정체성과 우리 공동체가 하는 모든 활동에도 적용된다.

우리는 누구인가? 우리는 하나님이 택하신 백성이며 하나님의 계획을 위해 구별된 공동체의 일원이다.

> 여호와께서 아브람에게 이르시되 너는 너의 고향과 친척과 아버지의 집을 떠나 내가 네게 보여 줄 땅으로 가라. 내가 너로 큰 민족을 이루고 네게 복을 주어 네 이름을 창대하게 하리니 너는 복이 될지라. 너를 축복하는 자에게는 내가 복을 내리고 너를 저주하는 자에게는 내가 저주하리니 땅의 모든 족속이 너로 말미암아 복을 얻을 것이라 하신지라. (창 12:1-3)

우리는 예수 그리스도로부터 쏟아져 나오는 하나님의 풍성한 사랑과 은혜 가운데 살아가는 사람들이다.

> 그의 영광의 풍성함을 따라 그의 성령으로 말미암아 너희 속사람을 능력으로 강건하게 하시오며, 믿음으로 말미암아 그리스도께서 너희 마음에 계시게 하시옵고, 너희가 사랑 가운데서 뿌리가 박히고 터가 굳어져서 능히 모든 성도와 함께 지식에 넘치는 그리스도의 사랑을 알고, 그 너비와 길이와 높이와 깊이가 어떠함을 깨달아 하나님의 모든 충만

하신 것으로 너희에게 충만하게 하시기를 구하노라. (엡 3:16-19)

우리는 왜 여기에 있는가? 하나님과 이웃을 사랑하기 위함이다.

선생님 율법 중에서 어느 계명이 크니이까? 예수께서 이르시되 네 마음을 다하고 목숨을 다하고 뜻을 다하여 주 너의 하나님을 사랑하라 하셨으니 이것이 크고 첫째 되는 계명이요. 둘째도 그와 같으니 네 이웃을 네 자신같이 사랑하라 하셨으니 이 두 계명이 온 율법과 선지자의 강령이니라. (마 22:36-40)

우리는 예수 그리스도 안에 있는 하나님의 사랑을 세상에 전하기 위해 여기에 존재한다.

너희는 세상의 소금이니 소금이 만일 그 맛을 잃으면 무엇으로 짜게 하리요. 후에는 아무 쓸데없어 다만 밖에 버려져 사람에게 밟힐 뿐이니라. 너희는 세상의 빛이라. 산 위에 있는 동네가 숨겨지지 못할 것이요. 사람이 등불을 켜서 말 아래에 두지 아니하고 등경 위에 두나니 이러므로 집 안 모든 사람에게 비치느니라. 이같이 너희 빛이 사람 앞에 비치게 하여 그들로 너희 착한 행실을 보고 하늘에 계신 너희 아버지께 영광을 돌리게 하라. (마 5:13-16)

하나님의 부르심은 인생의 근본 목적에서부터 구체적 직업이나 활동에 대한 안내를 아우른다. 소명은 성직자들에게만 해당하는 것이 아니다. 하나님은 우리 모두가 하나님 나라의 대사로서 살아가기를 바라신다. 이것이 우리의 제일 소명이다. 우리 **모두**를 향한 하나님의 제일 소명은 자연스럽게 **각 사람**을 향한 부르심으로 이어진다.

대개는 떨기나무가 아닌 곳에서

하나님의 소명이 불타는 떨기나무에서 온 것은 단 한 번뿐이었다. "높이 들린 보좌에[서]" 말씀하신 것도 단 한 번뿐이었다(사 6:1). 하나님의 가장 큰 부르심은 이 세상에서 하나님의 계획이 성취될 때 우리가 이에 동참하고 이를 위해 사는 것이다. 동시에 직업이나 은사, 관계 등의 문제에 대한 인도 역시 포함된다.

그 결과 사람들은 세상과 자신의 삶이 어떤 연관이 있는지 의문을 갖게 됐다. 이 세상에서 우리 삶의 목적은 무엇인가? 인간으로서 산다는 것은 무엇인가? 우리는 왜 여기에 있는가? 우리가 살아가는 이유가 있다면 그걸 어떻게 알 수 있는가? 이러한 질문은 아름다움이나 기쁨에서 나올 수도 있지만 우리 삶이나 우리를 둘러싼 세상의 불편한 진실에서부터 시작되기도 한다. 주위를 둘러보면 의심, 아픔, 고통이 있다. 인류는 이 일들에 대하여 역사 이래 교회 안팎에서 많은 질문을 던져 왔다.

오늘날처럼 복잡성과 다양성이 인정되는 세계에서 사람들은 창조, 타락, 구속, 완성을 포괄하는 성경의 이야기를 쉽게 거부하고 부인한다. 논란거리는 많은 데 비해 제대로 된 증거가 거의 없기 때문이다. 인류 스스로 존재한다는 세속적이고 인본주의적인 시각이 가장 그럴듯해 보인다.

인간은 정말 혼자인가? 신은 없는가? 텅 빈 우주에서 단지 생물학적인 존재로만 살다가 고통이나 기쁨이라 불리는 것들을 경험하고 죽는 건가? 자연의 섬세한 아름다움은 별 의미 없는 물질적인 특성일 뿐인가? 약한 자를 괴롭히는 자들과 독재자들의 손에 의해 매일 고통받는 수천만의 사람들을 사회학적 현상이나 공리성의 문제로만 치부해야 하는가? 자기희생적 사랑의 행위는 그저 본능적이고 진화된 사회복지의 증거일 뿐인가?

과연 희망은 존재하는가? 고통과 불의로 점철된 인간 역사나 무질서한 사회의 흐름이 종식되거나 역행할 수 있다고 믿을 만한 근거는 있는가? 빈곤과 폭력과 불의가 넘쳐 나는 세상이 바뀔 것이라는 희망이 있는가? 끝없는 수렁에서 벗어나 새로운 삶을 시작할 수 있다는 희망이 있는가?

철학적인 문제처럼 보일지 모르지만 이는 사실 개인적이고 현실적인 질문들이다. 하나님의 백성은 이런 질문에 대해 참된 말과 행동으로 대답하라고 부르심을 받았다. 그러나 이런 부르심은 우리가 하나님과 이웃 앞에서 정직하고 온전하게 살아갈 때에만 분명해진다.

왜 소명이 중요한가

성경은 하나님이 관념과 형상만 있는 신이 아닌 사랑과 관계의 하나님이심을 강조한다. 말씀하시고, 약속하시고, 찾으시고, 부르시고, 관계하시고, 드러내시고, 격려하시고, 위로하시고, 구원하시는 하나님의 이야기에는 창조 세계와 이스라엘, 이 세상을 향한 하나님의 신실한 사랑이 나타나 있다. 은혜가 드러나고 진리가 실현되는 이야기다. 앞에 나열한 말들은 소명을 이해하는 데 도움이 된다.

'하나님 사랑'과 '이웃 사랑'이라는 예수님이 가르쳐 주신 두 계명이 바로 우리의 소명이다. 이 두 계명은 하나님이 원하시는 방향으로 우리의 삶을 인도한다. 이 특별한 방법을 통해 우리는 삶을 희생함으로 또 다른 삶을 찾게 된다. 예배와 사랑 안에 우리의 삶을 내려놓는 **행위**로써 우리는 우리의 삶을 잃는 동시에 새로운 삶을 얻는다.

하나님의 백성은 성령의 권능을 힘입어 세상의 희망이 되고, 인류를 위한 본보기가 되고, 하나님이 살아계시며 하나님의 계획이 실현될 것이라는 살아 있는 믿음의 증거가 된다. 이것이 하나님 백성의 비전이고 예수님이 보여 주고자 했던 바다.

문제는 우리가 이러한 소명을 위해 창조되었고 구원을 받았으면서도 이를 놓치고 있다는 것이다. 예수님의 제자들도 다른 사람들과 똑같이 갈등과 애매모호함 속에서 살아간다. 교회에 다니는 사람보다 교회에 다니지 않는 친구나 동료가 더 큰 사랑을 실천하며 살기도 한다. 예수님의 제자라고 말은 하지만 실제로 우리가 보여 주는 것이라고는 교회 건물, 행사, 음악, 성경공부, 사소한 프로젝트, 예산 지원 요청 뿐일 때가 많다.

우리의 소명은 두꺼운 껍데기에 싸이고 파묻혀, 생명의 증거를 찾아볼 수 없게 됐다. 예배보다 인터넷에 떠도는 애완동물 동영상이 오히려 우리의 마음을 감동시키고 감성을 채워 주는 것 같다. 뭔가 헤어나오기 어려운 소용돌이에 갇힌 느낌이다. 교회는 이런 문제를 해결하기 위해 연예인을 초청하고 휘황찬란한 볼거리를 제공하려는 유혹에 빠지기 쉽다. 그러나 진짜 해결책은 성경이 선포하는 우리의 소명을 실천하는 것, 즉 가장 필요한 곳에 진정한 사랑을 전하는 것이다.

작은 변화를 만드는 것

나는 직업 특성상 세금 신고가 까다롭고 복잡하다. 한 번은 이 문제로 국세청의 조사를 받은 적도 있었다. 수개월 동안 연락을 주고받고 법률자문을 받은 끝에 국세청 직원과 직접 만나게 되었다. 국세청 업무에 대해 잘 아는 사람들은 문제가 해결되는 데 몇 달 이상 걸릴 수도 있다고 했다. 나는 오클랜드에 있는 국세청 사무소에 가서 한참을 기다린 후 칸막이를 친 수많은 책상을 지나 내 사건을 담당하는 직원의 사무실에 도착했다.

직원은 내 이야기를 듣고 필요한 서류를 챙기더니 누군가와 상의하고 오겠다고 했다.

4-50분이 지나도록 아무도 들어오는 사람이 없었다. 나를 상대하던 그 직원은 어디론가 사라져 버린 것만 같았다. 생명체라고는 하나도 보이지 않는 진공 상태 속에 사무실 하나만 덜렁 남아 있는 듯했다. 정말이지 희망이 보이지 않았다.

한참 후 돌아온 직원은 나에게 종이 한 장을 내밀며 말했다. "여기요. 다 끝났습니다. 해결됐어요."

처음에는 무슨 말인지 이해하지 못했다. 단순히 첫 번째 단계가 끝났다는 줄 알았다. 그런데 모든 과정이 다 완료됐다는 말이었다. 그는 종이를 넘겨 가며 각 단계에서 받은 서명 아홉 개를 보여 주고 세무조사 건은 종결됐으며 나에게 좋은 쪽으로 마무리됐다고 말했다.

관료제라는 틀 속에서 무력함을 느끼던 그 순간, 나의 지지자가 되어 내 호소를 들어 주고 혼자서는 절대 하지 못했을 일을 대신 해주겠다고 나선 사람을 만난 것이다. 고립과 공포의 순간에 만난 그는 당연히 지체되겠거니 생각하고 아무런 기대도 하지 않았던 내게 해결책을 쥐어 주었다.

나는 이 사건이 세상에서 그리스도의 몸이 무엇을 할 수 있는지 보여 주는 좋은 예라고 생각한다. 우리는 광활한 세계와 인간의 무력함 가운데서 세상의 희망이신 하나님의 임재를 대변하고 드러내는 조력자가 되어야 한다.

물론 출근해서 서류철이나 넘기다가 눈에 띄지 않는 데 숨어 무언가를 열심히 하지도 않고 그리 대단한 것을 기대하지도 않으며 시간이나 때우다 월급은 꼭 받아가고 자기 이익에나 주목하는 생명 없는 껍데기로 살 수도 있다. 실제로는 이보다 더할 때도 있다. 오클랜드 국세청 사무소에도 분명 시스템은 있었다. 그러나 그 시스템 안에 조력자가 준비되어 있었다. 어떤 연유인지는 모르지만 내 담당자는 그 일을 해냈고 모든 것이 달라졌다.

물론 직장에서 이런 실제적인 변화나 해결책을 구할 일이 매일 있는 건 아니다. 모든 사람이 조슈아 벨이 되어야 한다거나 '아카데미 오브 세인트 마틴 인 더 필즈'에서 연주를 해야 한다는 것도 아니다. 그러나 우리는 하나님의 백성으로서 중요한 역할을 해야 한다. 예수 그리스도를 사랑하고 따르며 이웃을 자신과 같이 사랑하라는 소명을 실천하며 사는 것 말이다. 벨의 연주가 엄청난 힘을 지닌 것처럼, 예수님을 따르며 우리가 발견하는 사랑은 놀랍도록 큰 생명력을 가진다.

우리 자신과 이 세상을 향한 우리의 소명은 영광스럽고 풍성한 삶을 약속한다. 예수님의 표현을 빌리자면, 이 소명은 깨어진 세계가 다시 번성할 수 있도록 사랑 안에서 생명을 나눠 주신 하나님과 깊이 교제하며 사는 사람이 되는 것이다.

그러나 오늘날 교회는 힙합 세상에서 폴카를 추고 있다. 우아하고 매력적으로 보일지는 모르지만, 세상과는 완전히 단절된 것이다. 십대들과 청년들은 삶, 관계, 직업, 성 같은 실질적인 문제들을 교회 울타리 밖에서 해결하고 편안한 장소나 공동체를 찾아 방황한다. 직장에서 갈피를 잡지 못하거나 자녀 양육 문제로 고민하거나 세상을 무거운 짐처럼 느끼는 이들은 괴로워하며 도움을 찾아 헤매지만 교회로 갈 생각은 하지 않는다. 그러면서도 거창한 말에 지친 사람들, 판에 박힌 말이나 확실성에 회의적인 사람들은 (번성하는 삶에서 필수 요소인) 진정한 교제와 희망을 갈망한다.

복음과 교회는 동일하지 않다. 그러나 많은 사람들은 이 둘을 다르다고 생각하지 않는다. 하나님의 백성이 그 부르심에 걸맞은 삶을 살지 못하면 복음은 교회에 파묻혀 보이지 않게 될 것이다. 이것이 지금 우리의 모습이며 우리가 직면하고 있는 위기다.

실천하기

하나님의 부르심을 듣고 그 부르심에 따라 사는 것은 공동체 안에서 오랜 시간이 걸리는 일이다. 그런 의미에서 각 장에는 부르심에 따라 사는 법을 연습하고 훈련할 수 있는 방법들이 소개되어 있다. 소명이 기계적이고 천편일률적이며 강제적이라는 인상을 주려는 것은 아니다. 그 과정은 미묘하고 섬세하며 기대하지 못한 것일 가능성이 높다. 그러나 영적 훈련과 마찬가지로 하나님은 우리의 계획을 소중히 여기신다. 이 책과 함께하는 훈련이 개인적으로, 또 공동체 안에서 하나님의 부르심을 의식적으로 찾고 반영하고 통찰하며 실천하게 하는 초대가 되기를 바란다.

당신은 어디에서 인간의 번성을 경험하는가? 음악? 미술? 혹은 사람들이나 운동선수들? 아니면 교육? 번성에 대해 생각해 볼 만한 창조적인 매체를 하나 선택하라.

- 사진, 미술, 단어 등 여러 매체를 사용해 번성 콜라주(flourishing collage)를 만들라. 우리와는 다른 상황이지만 번성이 필요한 맥락을 떠오르게 하는 사진을 찾으라.
- 번성 음악 목록(flourishing playlist)을 작성하라. 어떤 곡이 번성을 경험하게 하고 어떤 곡이 하나님의 소명을 따라 사는 성도의 길을 떠올리게 하는가? 세계 음악이나 반문화(countercultural) 음악 중에서 번성이 필요한 세계의 다른 지역을 기억나게 하는 곡이 있는가?
- 삶 가운데 번성을 경험하는 부분과 그렇지 못하는 부분을 리스트로 만들라.

2. 길 잃은 세상, 길 잃은 교회

불꽃 모양 문신이 목을 타고 올라 청년의 뺨 언저리를 뒤덮고 있었다. 예배당에 앉아 있는 모습을 보긴 했지만 직접 만난 적은 없는 방문객이었다. 어느 날 아침 우연히 길에서 그와 마주쳐 문신을 가까이서 볼 기회가 생겼다.

청년은 이십 대 후반이고 몇 년 동안 여러 밴드의 멤버로 활동하다가 지금은 캘리포니아 대학교 버클리 캠퍼스 대학원에 다니고 있다고 자신을 소개했다. 그는 최근 삶에 대해 깊이 고민하다가 교회로 돌아오게 됐다.

그가 말했다. "어떤 교회는 예수님에 대해서는 많이 이야기하지만 세상에 대해서는 거의 말하지 않고, 어떤 교회는 세상에 대해서는 많이 이야기하지만 예수님에 대해서는 거의 말이 없어요. 제가 보기에 목사님은 예수님에 대해서도 세상에 대해서도 이야기를 많이 하시는 것 같더군요. 저 같은 사람이야 이 동네에도 숱해요. 그러니 저 같은 사람을 또 찾아봐야 무슨 소용이 있겠어요. 제가 궁금한 것은 이겁니다. 목사님 교회에 가면 정말 예수님 같은 사람을 만날 수 있나요?"

자가 진단

청년의 질문에 당황했는가? 그동안 당신이 교회에서 무엇을 경험했는지에 따라 "예수님 같은 사람을 만날 수 있나요?"라는 이 도발적인 질문에 대해 다양한 반응을 보일 것이다.

- "예수님이 **필요하다**는 것을 아는 사람은 분명히 만날 수 있을 거예요."
- "저희가 운영하는 무료 급식소에서 봉사하는 분들을 만나 보는 건 어떨까요?"
- "제가 그 질문에 답하기 전에, 신앙생활을 어떻게 해 오셨는지 좀더 듣고 싶네요."

많은 사람들, 특히 젊은이들은 예수님을 따른다고 주장하는 교회치고 예수님 같은 교회가 별로 없다고 생각한다. 우리들 가운데 대부분이 "그리스도인들은 예수님 같기는커녕 판단하기만 좋아하는 광신도 같다"고 하는 이들의 말을 들어본 적이 있을 것이다.

하나님의 백성들이 전혀 번성하는 삶을 살지 못한다는 사실을 생각할 때 가슴이 아프다. 이런 모순에 대해 고민하지 않는다면 종교적인 믿음을 점점 더 부정적으로 보는 문화적 흐름에 역행하는 꼴이 될 것이다. 우리는 왜 이런 부정적인 시각이 자리잡았는지 이해하려고 하기보다, 무신론자들이 교회를 오해하고 있다고만 생각한다. 심지어 우리의 종교적 자유를 침해하는 이들에 대항해 시위를 하고 싸우기까지 한다.

이러한 현상들의 근본적인 이유는 교회가 이 세상에서 갈 길을 잃었기 때문이다. 아니, 어디로 가야 하는지조차 모르는 것이다.

이는 예수님이 세상의 빛과 이 땅의 소금이 되라(마 5:13-16)고 말씀하신 공동체에 닥친 이중적 위기다. 교회가 자기 정체성과 목적을 실현하고 달성하는 데 가장 중요한 것, 즉 예수님을 따르는 데 실패함으로써 찾아온 위기다.

오늘날 교회가 보여 주는 모습은 예수님의 삶과는 전혀 다르다. 바나 그룹(Barna Group)의 설문 조사에 따르면 교회에 다니지 않는 사람들이 교회를 생각할 때 가장 많이 떠올리는 단어가 '**동성애 혐오, 비판적, 위선적**'이라고 한다.[1] 나머지 답변들도 비슷한 수준이다.

많은 사람들이 교회에 실망한 일이나 상처받은 경험 때문에 기독교 신앙을 부정하거나 거부한다. 대부분의 그리스도인이 이런 일을 경험하거나 들어 보았을 것이다. 성직자의 권력 남용, 교회 내 세력 다툼, 죄책감 강요. 기부자로 이름을 날리고 있지만 정작 자기 사업 부문에서는 인색하고 나쁜 짓만 골라 하는 그리스도인, 교회의 모든 행사에 다 참석하면서 거짓말과 험담하기를 좋아하는 사람, 그리스도를 자랑한다면서 들어보면 결국 자기 자랑하기 바쁜 사람 등.

그 결과 교회에는 다음과 같은 이름표가 붙는다. 많은 사람들이 보고 느끼지만 교회에 대놓고 말하지는 않는 내용이다.

자기중심적 교회. 우리가 흔히 볼 수 있는 교회는 자체적인 문제에만 관심 있는 작은 모임 같은 인상을 준다. 이러한 교회는 교회 외적인 문제에는 별로 관심이 없고, 건조하고 재미없거나 경쟁과 분노로 가득 차 있다. 자기 목적만을 옹호하고, 자기 사람에게 팔이 굽는 다른 사교 모임과 다를 바 없이 폐쇄적이며, 사랑과 봉사의 삶을 사는 일은 거의 없다. 교회 외적으로 하는 일이라고는 '전도'가 유일한데 그마저도 겸손하고 사랑이 담긴 섬김의 표현이라기보다 부수적인 프로젝트처럼 느껴질 때가 많다. 자기희생적 사랑으로 사셨던 예수님을 따르라고 부름받은 사람들이라 하기에 교회는 지나치게 자기중심적이고 자신의 이익만 추구하는 것 같다. 교회의 소명이 교회 안에만 있는 듯하다.

존재감 없는 교회. 정반대의 경우도 문제가 심각한데, 보통의 교회는 문화적·감정적·사회적 역할을 감당함에 있어 존재감이 없다. 일상적인 교회 활동이나 교회의 존재 자체가 의미 있는 영향을 주지 못하는 것이다. 긍휼과 사랑의 흔적은 고사하고 교회가 있는지조차 티가 나지 않는 경우도 있다. 한마디로 있으나 마나 한 존재인 것이다. 잘 꾸며져 있든, 잘 정리돼 있든, 지역 명소로 이름 정도는 알려져 있든, 매주 주차 문제로 짜증의 대상이 되든, 사람들은 살면서 수만 개의 교회를 스쳐 지나간다. 그러나 세속주의적 경향이 강해짐에 따라 교회는 소명을 잃어버린 지 오랜 일종의 사교 클럽처럼 과거의 잔재로 남게 되었다.

억압적인 교회. 교회가 존재감이 있는 경우도 있다. 삶에 대한 억압적인 태도로 뉴스에 등장할 때 그렇다. 다른 사람에 대해 적대적이고 낡은 사고방식을 내세우고, 노골적이고 신랄한 말을 하는 소위 기독교 대변인들 때문이다. 이런 교회는 사람들이 교회에 소망 대신 적개심을 갖게 한다. 사람들은 그리스도인들이 남들에게는 별로 중요하지 않은 일에는 엄청난 관심을 보이면서도, 정말 중요한 문제에 있어서는 자기들끼리 싸우기 바쁘다는 인상을 받는다. 우리가 지금 무너지고 있음을 깨달아야 한다. 많은 이들에게 교회는 아주 지루하기 그지없는 싸움꾼들의 모임일 뿐이다. 이런 교회는 분열과 공격을 위해 부르심을 받은 것 같다.

벽으로 둘러싸인 교회. "너희는 유대인이나 헬라인이나 종이나 자유인이나 남자나 여자나 다 그리스도 예수 안에서 하나이니라"(갈 3:28)라는 말씀처럼 하나님의 백성은 새로운 인류의 모습을 보여 주는 증거가 되어야 하지만, 사실 교회는 문화나 인종 차별이 가장 심한 조직이나 다름없다. 계층이나 하위 문화에 대해서도 마찬가지다. 지역 교회들은 다른 삶의 영역과 다를 바 없이 사회의 축소판에 불과할 때가 많고, '예수님이 추구했던 새로운 인간다움을 보여 주지도 못한다. 응당 그 길을 보여 주어야 할 우리보다 교회 밖의 사람들이 오히려 "중간에 막힌 담"(엡 2:14)을 허물고 사는 삶의 모범일 때가 많다.

나쁜 소식을 전하는 교회. 교회는 좋은 소식을 전한다고 주장하지만 그게 정말 '좋은' 소식인지 아닌지는 말할 것도 없고, 그 '소식'이 사실인지, 중요한 것인지조차 명확하지 않은 경우가 많다. 교회가 새로운 소식이라 부르는 것 대부분은 진부한 이야기에 가깝다. 새로운 소식이 계속해서 쏟아져 나오는 세상에서 **새롭다**는 단어와 **소식**이라는 단어는 동의어가 되었다. "예수님과 그분의 사랑에 대한 아주 오래된 이야기"는 더 이상 세간의 이목을 끌지 못하며, 행여 그 소식이 사실이라고 해도 거기에 더 이상 새로울 것이 없어 보인다. 진정성도 약해 보인다. 복음이 진짜인지에 관한 문제는, 지구가 태양 주위를 돈다고 말하는 것 같은 사실 문제가 아닌 일출이 아름답다고 느끼는 것 같은 미학의 문제가 됐다. 새롭다는 특성이 사라지면서 그 소식이 갖고 있는 중요함까지 함께 사라진 것이다.

아무 소식도 전하지 않는 교회. 조금 더 넓은 현대의 문화적 시각에서 볼 때 '좋다'는 것은 도덕적 현실의 문제가 아닌 취향의 문제가 되었다. 개인이나 사회 모두 교회 역사에 나타난 '좋은 소식'을 그저 부수적이고 불필요하게 여기는 듯하다. 도덕적 신념만 늘어놓은, 세상과 다를 바 없는 교회의 모습 때문에 '존재론적으로 올바르며 더 나은 도덕적 비전을 가지고 있다'는 교회의 주장은 설득력을 잃는다. 대중의 입장에서 교회 지도자들이 일으킨 엄청난 사건들은 자기가 가진 것이 '좋다'는 교회의 모든 주장을 불신하게 만든다. 옆집에 사는 그리스도인이 다른 사람과 다를 바 없이 자기중심적이고 소비적인 삶을 산다면 '좋다'는 것은 희미한 감성에 불과한 것이 된다.

좋은 소식을 전하는 교회가 되려면 무엇이 필요한가? 오늘날 교회가 생명의 길을 안다고 주장하려면 좋은 소식이라는 이름에 합당한 모습을 보여야 한다. 폭력과 공포, 가난과 불의가 넘쳐 나는 세상에서 교회는 관계를 통해, 그리고 생명력 있는 행동으로 그 모습을 드러내야 한다. 우리 주위의 세상이 보여 주는 것과는 다른 시각을 보여 주고, 다른 방법으로 영향력을 발휘해야 한다. 전 세계가 엄청난 속도로 변하고 혼란이 가중되는 이 시대에 교회는 생명의 길을 알고 있음을 보여야 한다.

생명의 길, 예수의 길

앞의 비판은 교회 밖의 아무 비평가에게서 나온 것이 아니다. 30년 동안의 내 목회 경험에서도 확인된 것들이다. 나는 목양 사역의 내용, 특히 인생의 단계를 거치며 사람들이 경험하는 삶과 하나님, 믿음과 의심이라는 실제 모습을 좋아한다. 한 인격체로, 제자로 성장하기에 지역 교회만큼 좋은 환경은 없다.

물론 나도 교회에서 깊은 단절의 골을 느끼기도 하고 실망하기도 한다. 앞서 언급한 이유들처럼 우리는 세상과 구분되지 않은 채 적절한 영향력을 발휘하지 못하며 살고 있다. 교회 건물을 살피고 기독교 잡지를 읽고 기독교 웹사이트를 둘러보며 나는 이 모든 것들이 예수님의 향기를 품었다기보다 기독교 비즈니스 같다는 생각에 깜짝 놀라곤 한다.

오늘날 교회가 할 수 있는 가장 현명한 일은 교회를 향한 비판에 귀를 기울이고, 예수님을 따르는 것의 의미를 생각하며 "우리는 어떻게 살아야 하는가?"라고 다시 한 번 묻는 것이다.

교회는 항상 은혜와 소망으로 잊혀진 자들과 보이지 않는 이들과 누구도 원치 않는 사람들과 비천한 사람들을 찾아 사랑해야 한다. 그들이 기대하지 않은 곳에서 사랑을 느낄 수 있게 해야 한다. (원수를 사랑하는 것을 포함해) 본능에 반하는 사랑과 크디 큰 용서와 자비와 정의를 보여 주면서 말이다.

그것이 바로 예수님의 길이다.

하나님은 교회가 길 잃은 세상에서 사랑과 희망의 공동체가 되기를 원하신다. 만약 우리 삶이 길 잃은 자들 가운데서 그들과 마찬가지로 길을 잃었다면 빛과 소금의 역할은 누가 감당하겠는가?

길 잃은 세상

교회가 거하고 있는, 교회가 존재하는 이유인 세상이 길을 잃지 않았다면 현재 교회의 암울한 상황은 그리 큰 문제가 아니었을 것이다. 그러나 세상은 길을 잃었다. 물론 하나님의 백성도 같은 상황이다. 예수님의 경고에도 불구하고 하나님의 백성은 이 세상에 속한 채 살고 있다. 아픔, 고통, 질병, 혼란, 경제 위기, 종교적 적대감, 폭력, 실패한 리더십, 개인적 혹은 제도에 대한 두려움, 기술의 지배가 전 세계를 장악하고 있으며, 하나님의 백성도 이를 동일하게 경험하며 산다. 그러나 우리는 이러한 현실의 피해자가 아니라 여기에 일조한 가담자다.

앞에서 교회에 몇 가지 이름표를 붙였던 것처럼 우리가 속한 문화에도 이름표를 붙일 수 있다.

떠다니는 삶. 요즘에는 '삶은 순간의 흐름을 타며 사는 것'이라는 생각이 대세다. 삶의 바다가 광활하게 열려 있는데, 방향성이나 목적 혹은 의미에 대해 묻는 것은 치기에 가깝다. 이런 삶은 수많은 사람들에게 짜릿한 자유를 느끼게 한다. 거추장스러운 요구나 전통의 굴레 없이 자유롭게 떠다니는 삶이 가장 자연스럽고 생산적이고 창조적인 삶의 형태라고 생각하는 사람도 있다. 남이 강요하는 외적 가치나 전통은 자취를 감추고 개인은 자신이 원하는 대로 주장하기도 창조하기도(혹은 아무것도 하지 않기도) 한다. 모든 항해가 다 순조롭지는 않겠지만 전통의 굴레나 의무에 방해받지 않고 자신이 원하는 대로 갈 수 있다는 가능성만큼은 확실하다. 그들에게 기존의 사회계약은 아무런 의미가 없다.

현기증 나는 삶. 어떤 사람들은 떠다니는 삶에 현기증을 느낀다. 자유 낙하처럼 느끼는 것이다. 이들이 경험하는 것은 짜릿한 흥분이 아니라 공포다. 질서나 방향성이 없으면 불안하고, 무력해지거나 두려움을 느낀다. 그래서 삶의 방향성을 잡아 줄 어떤 기준점을 찾거나 만들어 내려고 필사적으로 노력한다. 그게 신기루에 불과할지라도 상관없다. 그러나 잠시 동안 공포가 가라앉을지는 모르지만 자유 낙하는 다시 시작된다. 길을 잃었을 때 보통 집으로 가는 길이 있을 것이라 생각하지만, 문제는 돌아갈 집 자체가 없다는 것이다.

정보 과잉의 삶. 인터넷을 열면 온갖 종류의 정보가 끝도 없이 쏟아진다. 이런 정보는 성공적이든 아니든 우리의 관심을 끌려 하고 우리의 신경을 분산시키고 눈을 돌리기 위해 총공세를 편다. 광고, 선전, 입소문 속 보이지 않는 알고리즘이 우리 삶을 갖가지 정보와 기회와 욕구로 가득 채운다. 이러한 정보에 반응하는 것이 우리 삶의 전부가 될 위험도 있다.

정보 과잉의 삶은 기술이 만들어 낸 관계나 계획 속에 존재한다. 어느 정도의 통제력을 추구할 수도 추구하지 않을 수도 있고, 일말의 통제력마저 잃어버렸을 수도 있다. 구글이 우리를 멍청하게 만든다고 주장하는 글은 정보 과잉의 삶이 주는 부작용에 대한 경고다. 이러한 삶이 꼭 긍정적인 영향을 미치지는 않는 것으로 드러났다. 정보 과잉의 삶은 우리의 관심이 한곳에 지속되지 못하게 하고, 남의 말을 경청하지 못하게 하고, 사람들 사이의 소통을 방해하고, 관찰하고 사고하는 능력을 떨어뜨린다.

외로운 삶. 소셜 네트워킹이 기하급수적으로 늘어난 시대지만 외로움이란 감정이 결코 낯설지 않다. 세계 인구는 70억을 넘어섰지만 그 어느 때보다 고독을 느낀다. 연구에 따르면 우리의 신체적 건강과 행복은 다른 사람들과의 관계와 직접적으로 연관되어 있다. 우리는 누군가를 이해하고 싶어 하고 누군가에게 이해받기 원하지만 두려움과 습관들로 인해 사랑을 주고받는 일을 잘하지 못한다. 관계에서 쉽게 상처받고 자신이 고민하고 있는 문제나 혼란스러운 부분은 마음속에만 담아 둔다. 너그러이 사랑하는 것을 제외한 수많은 방법을 시도하지만 지속되지 않고 금방 깨지거나 외로움을 충족시켜 주지 못하는 관계만 남을 뿐이다. 수많은 사람들이 친밀감 없는 얄팍한 관계만 추구하고 있다.

척하는 삶. 요즘에는 실질적인 의미나 내용보다 외양을 중시한다. 시각은 매우 중요한 감각이 됐고, 어떤 사람으로 **보이는가**가 가장 중요한 문제가 되었다. 겉으로 보이는 것 이상을 찾는다는 건 어차피 불가능하니 척하는 삶에 안주하는 것이 훨씬 더 쉽고 효과적이다. 이러한 성향은 편한 대로 자세한 이야기를 거르고, "괜찮아요"라는 말로 대충 넘어가려 하는 우리 모습에서 잘 드러난다. 이는 정신 사나운 일이나 관계나 복잡한 일로 고민할 필요 없이 언제라도 지금의 자리를 떠날 수 있음을 뜻한다. 척하는 삶은 자신과 다른 누군가가 되고 싶어 하는 거짓말쟁이의 삶과는 다르다. 이는 가식으로 가득하다기보다 진짜 나를 보여 주지 않으면서 사람들이 생각하고 싶어 하는 대로 내버려 두는 삶의 방식이다. 모든 게 '괜찮기' 때문에 걱정할 것이 하나도 없다는 식으로 말이다.

회의적인 삶. 회의적인 삶은 자기방어적인 이상주의자의 삶이다. 사람들은 삶이 자신이 원하는 모습이기를 바라면서도, 실망하지 않으려고 "상관없어" "이럴 줄 알았어" "그럴 거라 생각했어"라는 말로 자신을 보호하려 한다. 이러한 시각은 지나친 순진함에서 오는 피해를 막아주고 무언가에 완전히 휩쓸리는 것을 방지하며 약점이 노출되거나 상처받는 것으로부터 보호해 준다. 날 때부터 회의주의자인 사람은 없다. 실패와 실망을 거듭하면서 회의주의자가 되는 것이다. 현실이 너무 버거울 때 회의적인 삶은 매력적으로 보인다. 현실에서 도피하지 않고도 살아 있는 것처럼 보이게 하는 동시에 자신을 보호하는 방어막을 더 튼튼히 할 수 있기 때문이다. 그러나 그게 바로 회의적인 삶의 한계다. 살고 있는 것처럼 보일 뿐 정말 살아 있는 것은 아니다. 무엇이든 거리를 두고 경험하게 하는 여러 겹의 보호막은 진정으로 살아 있는 삶을 살 수 없게 한다.

소비적인 삶. 소비적인 삶을 살아가는 사람에게 인생은 그가 누구인지가 아니라 무엇을 갖고 있는지에 의해 결정된다. 당신이 갖고 있는 것이 당신이 어떤 사람인지를 말해 주기 때문이다. 소비자로서 우리가 추구하는 문화, 상품, 경험 및 취향은 우리의 소비를 부추기고 더 많은 것을 원하도록 우리의 욕구를 자극한다. 마케팅 전문가들은 이를 너무나 잘 알고 있다. 세계에서 가장 큰 광고 회사인 구글은, 우리를 잘 알기 위해 끊임없이 연구하며 사업을 확장시켜 왔다. 우리를 잘 안다는 것은 우리에게 무언가를 팔 수 있다는 것을 뜻하기 때문이다. 애플의 스티브 잡스는 우리가 무엇을 원하는지는 우리가 무엇을 소비하는지를 보면 알 수 있다고 말했다.[2]

두려움 속의 삶. 우리는 실질적인 위험뿐 아니라 상상이 만들어 낸 두려움에 둘러싸여 있다. 자연과 사회의 흐름, 개인 및 시스템의 영향, 세균과 마약에서부터 테러리스트에 이르기까지 보이지 않는 모든 것들이 우리를 위협한다. 위험에 대항할 힘이 없거나 통제할 수 없을 것 같을 때도 있다. 어떤 사람들은 이런 느낌을 거의 매일 경험하며 살고 어떤 사람들은 일정한 주기처럼 가끔씩 강하게 느끼곤 한다. 두려움 속의 삶은 피해망상을 일으키거나 강박관념에 시달리게 한다. 두려움을 길들일 수는 있지만, 자극을 받게 되면 두려움이 다시 돌아온다. 잘못 이해하는 것, 인정받지 못하는 것, 상처받는 것, 폭력을 당하는 것, 통제력을 잃는 것, 실패하는 것, 무시당하는 것, 피해를 주는 것, 상처를 주는 것, 말실수하는 것 모두 두려움의 원인이 된다.

앞에 제시한 것 모두가 우리 삶에 나타나는 증상들이다. 특혜를 누리며 살 수도 있고 많은 것들을 박탈당한 채 살 수도 있지만 분명한 건 이런 소름 끼치는 현상들이 종종 우리 삶의 방향을 결정한다는 것이다. 이는 교회 안에 있든 밖에 있든 마찬가지다. 자신이 어느 쪽이라고 생각하든 이런 삶의 패턴은 그리 다르지 않다.

길 잃은 세상, 길 잃은 교회

세상이 "소망이 없고 하나님도 없[이]" 길을 잃었다고 성경은 말한다(엡 2:12). 우리는 세상의 빛과 소금인 하나님의 백성이 다른 사람들처럼 길을 잃었으리라고는 생각하지 않지만 이것이 실제로 우리 앞에 놓여 있는 위기다.

하나님의 사랑과 자비와 정의의 증거로 선택된 하나님의 도구인 교회가 자신의 정체성을 잊고 세상에서 현실적인 방법으로 그 정체성을 실현하지 못하면, 혼란에 빠지고 목소리를 낼 수 없다. 많은 그리스도인들과 일부 회중이 주어진 현실에 맞게 자신의 소명을 잘 감당하며 살고 있지만, 대부분은 그렇지 못하다.

우리는 교회의 신앙고백과 실제 우리의 삶 사이의 엄청난 간극을 직시해야 한다. 오늘날 예수 그리스도의 몸된 교회에 이보다 중요한 것은 없다.

이 책은 당신의 소망을 성취할 수 있는 직업이나 배우자를 찾는 방법에 관한 책이 아니다. 그러한 접근 역시 우리가 다시 생각해야 한다. 아울러 이 책은 많은 사람들이 원하는 개인에 특화된 "내 삶을 향한 하나님의 뜻을 아는 것"에 대해 단계별로 소개한 매뉴얼 또한 아니다. 오히려 여기에서 우리는 하나님이 주신 교회의 정체성과 소명에 대해 또 우리가 회복하고 실천해야 할 것들에 대해 생각해 보아야 한다. 이것은 세상이 완전히 변화되었다는 것을 인정하고 충분히 이해하는 가운데 우리 신앙을 훈련하는 것이다.

간결하며 핵심적인 목표

하나님의 백성은 교회가 세상에서 맡은 임무를 놓치고 있다는 현재의 위기 상황을 직시해야 한다. 문제의 근원은 교회 밖이 아니라 교회 안에 있다. 우리가 인정하고 이해해야 하는 구체적인 삶의 방식대로 소명을 실천하며 살지 못한다는 것이다.

예수님을 믿는 모든 사람과 공동체는 예수님의 제자라는 자신의 정체성을 회복하고 매일매일의 삶 가운데 그것을 실천하며 사는 법을 배워야 한다. 그렇게 함으로써 우리는 생명을 얻고 이 세상 또한 생명을 얻는다.

실천하기

집이나 교회, 직장, 학교, 마트 등 당신이 많은 시간을 보내는 장소를 하나 골라 한 시간 정도 시간을 내서 산책하며 기도하라.

- 걷는 동안 그간 이 동네에서 눈치채지 못했던 사람이나 활동, 삶의 경험을 보게 해 달라고 기도하라.
  - 눈에 띄는 사람이나 건물, 다른 특이한 점이 있는가?
  - 그들이 품을 법한 질문이나 의혹, 두려움은 무엇일까?
  - 예수님이라면 어떤 사람들과 교제하고 어떤 상황에 개입하셨겠는가?
  - 나, 우리 교회(혹은 모든 교회)가 이 지역에서 놓치고 있는 소명이 있다면 무엇일까?
- 걷는 동안 하나님이 마음에 감동을 주신 특정 개인이나 활동, 상황을 위해 잠시 멈춰 기도하라.
- 앞으로 몇 주 혹은 몇 달간 규칙적으로 기도할 대상이나 상황을 한두 가지 정도 선택하라.
- 가능한 한 자주 이 지역에 돌아와 당신의 관찰이나 기도, 교제가 시간이 지남에 따라 어떻게 변하는지 주의 깊게 살펴보라.

3. 제일 소명

프란치스코 교황의 등장은 갑작스러운 일이다. 그는 눈 깜짝할 사이에 제도권 교회를 대표하는 인물이 되었고, 전 세계에 교회의 본질을 보여 주는 사람이 되었다. 교황으로 즉위한 첫 날부터 그는 사람들의 발을 씻고 가난한 자들을 돌보면서 그리스도께서 세상에서 하신 것처럼 교회의 기본 소명을 다시금 확인시켰는데, 세상은 그 모습에 충격을 받았다. 교회 권력과 보수성, 화려한 말과 가식적인 태도를 벗어 던진 진정한 예수님의 제자를 만난 것처럼.

    교회 주위를 맴돌며 폭로하고 조롱하기 바빴던 언론은 놀라서 할 말을 잃고 곧 교황의 행보에 매료되기 시작했다. 천주교, 개신교, 그리스 정교, 독립 교회를 막론하고 교회에 속한 많은 이들 역시 그랬다. 전 세계 모든 교파의 그리스도인들은 교회의 권위만을 대변하는 사람이 아니라, 교회가 소명이라 고백하는 삶을 그대로 실천하는 사람의 등장에 주목했다. 이 사실이 얼마나 충격적이었던지 "타임"(Time) 지에서는 2013년 프란치스코 교황을 올해의 인물로 선정하기도 했다. 이유는 간단했다. 프란치스코 교황이 예수님의 제자 된 삶을 살았기 때문이다. 그러한 삶이 중요하다는 것이 드러났다.

프란치스코 교황의 사례에서 명백히 드러나듯이 현재 교회의 가장 긴급한 소명은 예수님의 제자로서 사는 것이다. 한때 기독교 왕국이었다는 사실이 가장 중요한 소명을 놓쳐 버린 교회를 더 이상 보호해 주지 않는다. "롤링스톤"(Rolling Stone) 지는 교황에 대해 이렇게 말했다.

> [프란치스코 교황의 행보와 성품을 생각할 때] 교황이 군중에게 보내는 미소 같은 기본적인 것만으로도 일반적인 가톨릭 신자에게는 작은 기적처럼 느껴졌다. 그러나 교황은 훨씬 더 급진적인 변화를 염두에 두고 있었다. 바티칸의 교황궁 대신 방 두 개짜리 아파트를 선택했고, 분열을 일으키는 사회 쟁점에 '집착하는' 교회 지도자들을 공개적으로 꾸짖었으며…서면을 통한 그의 첫 가르침을 무분별한 자유주의 시장경제를 통렬하게 비판하는 데 할애했다. 그렇게 함으로써 자신이 직속 상사(하나님)의 아들(예수님)과 같은 눈높이로 보는 것을 아주 중요하게 생각하고 있음을 보여 주었다.[1]

지금과 같은 시기에는 고려해야 할 중요하고 복잡한 요소가 많다. 포스트모던, 탈기독교적, 다종교적 환경에서, 지적인 문제들에 대한 엄밀한 지적 탐구와 성찰은 지속되어야 한다. 기독교는 근본적인 신앙고백의 의미를 자문해 보지 않은 채 그저 고개를 숙이고 교리만 되뇌어서는 안 된다.

교회가 어떻게 메시지를 전달할 것인지, "그 옛날 옛적 이야기"를 어떻게 풀어내고 삶으로 보여 줄 것인지, 오늘날 그 이야기가 왜, 얼마나 중요한지는 모두 교회가 연구해야 하는 일이다. 교회가 어떻게 운영되는지, 제대로 된 목소리를 내고 있는지 여부는 근본적으로 돈이나 규모나 기술에 달려 있지 않다. 진짜 문제는 훨씬 더 기본적인 데 있다. 교회는 하나뿐인 자신의 합당한 정체성을 분명히 하고 이를 실현할 수 있을 것인가? 하나님의 사람들은 예수님의 참된 제자로서 살 것인가?

교회가 예수님과 닮지 않기를 바라는 사람은 없다. 그렇기 때문에 프란치스코 교황의 행적이 지금처럼 주목을 받는 것은 모순이다. 지금 교황이 하는 일은 제자 된 그리스도인 대부분이 일상 곳곳에서 해야 하는 일이기 때문이다. 교황의 행보가 충격적으로 다가오는 이유는 실제로 교회에서 이러한 모습을 찾아보기가 어렵기 때문이다.

이 근본적인 괴리는 그 어떤 신학적·형이상학적 문제보다, 그 어떤 정치적·도덕적 논란보다, 그 어떤 공동체적·제도적 위기보다 교회를 병들게 한다. 소명의 위기 상황에서 예수를 따라 살라는 부르심을 교회는 기억하며 실천하고 있는가?

프란치스코 교황에 대한 종교 및 정치 분야 전반에 걸친 열광적 반응은 교회의 현 상태를 적나라하게 보여 주는 듯하다. 교회를 대표하는 사람이 정말 그 이름과 그 주인에 걸맞은 삶을 살 것이라고 누가 상상이나 했겠는가! 이는 제자를 자처하는 이들 모두에게 정신이 번쩍 들게 하는 경고다.

우리 모두는 하나님의 부르심을 따라 사는 삶을 선물로 받았다. 교회는 그런 삶을 살면서, 다른 이들도 그렇게 살도록 전하고 행동하는 공동체가 되어야 한다. 이것이 바로 세상을 위한 교회의 소명을 통해 실현되는 하나님의 사역이다.

교회가 어떤 부분에서(행동이든 말이든 태도든 식사 교제든) 이상하게 느껴질 때도 있다. 교회마다 가지고 있는 독특한 점들은 교회에 가 보면 금방 알 수 있다. 중요한 것은 교회가 이상한지 아닌지의 문제가 아니라, 교회가 이상한 것이 과연 예수 그리스도를 닮았기 때문인가 하는 점이다. 교회는 그 소명을 실천하며 살고 있는가? 교회 안팎의 모든 사람들은 이 간단한 질문에 교회가 대답해 주기를 원한다. "그렇다" 이외의 답변이 나왔다면, 지금 우리가 무엇을 하고 있으며 왜 그렇게 하고 있는지 자문해 보아야 한다.

교회에 속하지 않은 사람 중에서 교회가 완벽하기를 기대하는 사람은 거의 없다. 그들이 원하는 것은 충분히 가능한 수준의 일이다. 그들은 자비, 정의, 측은히 여김에서 비롯된 자기희생적 삶을 통해 자신의 신앙고백을 뒷받침할 수 있는 진정한 그리스도인을 찾고 있다.

우리의 소명은 지금 여기에서

오늘날 모든 그리스도인에게는 예수님의 제자로서 살아가야 한다는 소명이 있다. 삶의 모든 부분, 즉 크고 작은 일에서도, 가족, 이웃, 원수에게도 예수님의 은혜와 진리를 실천하며 살도록 노력하는 것이다. 이것이 바로 오늘을 사는 우리의 소명이다.

이러한 제일 소명에 비하면 그 밖의 모든 것들은 부차적이며 이것만큼 중요하지는 않다. 우리가 받은 은사와 성격, 우리가 처한 상황이나 어려움은 예수님의 제자 됨을 구체적으로 드러내고 실천하는 방법에 영향을 준다. 이들 모두는 우리가 예수님과 닮은 삶을 사는 데 온갖 영향을 끼치지만 소명 그 자체와는 별개다.

예수님의 열두 제자들 역시 "나를 따르라"는 동일한 소명을 받았다. 그러나 베드로는 마태가 아니었고 마태는 야고보나 요한이 아니었다. 이들은 각자 자신의 삶에 맞는 형태로 예수를 따랐지만 이들이 받은 소명은 기본적으로 동일한 것이었다. 이는 제자가 될 사람들을 향한 명확한 변화의 부르심이다.

예수님의 제자 된 삶은 언제나 지금 우리가 있는 자리에서 시작한다. 우리가 그물을 손질하는 중이라면 즉 제자들이 그랬던 것처럼 우리의 평범한 일상을 살고 있다면, 제자 된 삶이 시작되는 곳은 바로 그곳이다. 소명은 연속성과 맥락이 전제되어야 한다. 우리는 형체나 경험도, 성품이나 관계도 없이 그냥 머물러 있는 존재가 아니다. 우리가 있는 바로 그 자리에서 예수님의 초대에 응할 때 제자의 삶이 시작된다.

예수님의 제자로 살기로 하고 이를 위해 지속적으로 노력하는 가운데 우리는 우리 삶의 목적이 변하고 우선순위가 재정립되어 감을 알게 된다. 이것은 보통 우리가 일상에서 올바르게 행하는 것을 의미한다. 지금 우리가 있는 곳에서부터 시작한다는 점에서 소명은 연속적이고, 지금 우리가 있는 바로 그 자리와는 전혀 다른 방식으로 살고 사랑하게 된다는 점에서 불연속적이다.

우리 모두는 누군가의 자녀이며 형제자매이고, 누군가의 친구이며 동료다. 예수의 제자 된 삶은 바로 여기에서부터 시작한다. 이들을 하나님이 사랑하는 피조물로 여기고, 이들의 삶을 온전히 바라보며, 이들의 번성을 돕는 법을 배울 때에야 비로소 우리는 완전히 새로운 눈으로 이들을 보게 된다.

그러나 이런 삶을 살려 할 때 우리의 소명은 대개 어려움에 부딪힌다. 사람들이 짜증 나게 굴거나 이기적으로 행동하거나, 우리의 신앙이나 우리 자체를 거부하거나, 자신의 일을 제대로 하지 않는 모습을 볼 때 우리는 이들을 새로운 눈으로 보지 못하기도 한다. 그럴 때 우리는 일상 한가운데서 우리 앞에 나타난 사람들을 사랑하고 섬기는 법을 배우며 예수님을 따라 살아야 한다는 어려운 과제에 직면한다. 우리가 제자의 삶을 사는 동안은 늘 그럴 것이다. 이는 우리 소명의 가장 기본적인 부분이지만 때로 이 기본을 지키는 것이 가장 어렵다.

예수님의 제자로서 소명의 또 다른 측면으로 빨리 들어가고 싶은 마음이 들 수도 있다. 더 큰 그림 안에서 내 삶을 향한 하나님의 부르심이 무엇일지, 내 삶을 위한 큰 그림은 무엇일지, 우리가 소명을 위해 떠나야 할 믿음의 여정은 어떨지 묻고 싶을지도 모른다. 그러나 소명이 어떤 모습이든, 하나님이 부르시는 것은 지금 이곳에 있는 우리들이다. 하나님의 사랑은 즉각성과 특정성을 갖고 있기 때문이다. 예수님은 바로 그날, 간통으로 잡혀 온 그 여인에게 보이셨던 반응을 그가 부르신 바로 그 제자들에게 보이셨다. 그 아이들이 예수님께 나아왔으며 그 나병 환자가 예수님께 도와 달라고 소리쳤다. 주님은 어떤 날이든 자신이 만난 상황에서 자신의 일을 하셨다. 우리도 우리에게 매일 주어진 날들 속에서 주님을 따르도록 부름받았다.

교회는 예수님을 따르는 삶과 사랑을 잊어버렸거나 중요하지 않게 여기고 있다. 교회는 필수적인 소명 대신 힘 있는 자리, 교회 구조, 프로그램, 지원 사업 및 다른 일들에 의해 정의된다. 그러나 하나님과 이웃을 사랑함으로써 예수의 참된 제자로 사는 소명이 주가 되지 않으면 이들 모두는 세부적인 관리 업무에 불과하다. 마치 집이라는 건물은 지으면서 안식처가 될 가정은 만들지 않는 것과 똑같다. 예수님의 말을 빌리자면 우리는 먼저 하나님 나라를 구해야 한다. 우리가 누구이며, 왜 예수님의 제자인지를 삶 가운데 드러내는 것이 그리스도인의 소명이다. 이는 우리의 정체성을 기억하고, 이를 살아 내는 삶을 뜻한다.

천국의 소망

"천국이 가까이 왔느니라." 예수님이 말씀하셨다(마 4:17). 예수님이 실제로 가까이 오셨기 때문에 하신 말씀이다. 하나님의 사랑과 자비와 정의의 통치는 예수님 안에 이미 임했다. 임마누엘. 하나님이 함께하신다. 모든 것이 그대로지만 모든 것이 달라졌다.

교회의 온전한 소명은 천국을 선포하고 이루어나가는 가운데 예수님의 제자로 사는 것이다. 이는 우리의 존재와 소유 모두에 적용된다. 모든 것을 새롭게 할 하나님의 재창조 사역과 그 이상으로의 부르심이다.

이러한 소명은 그 범위가 넓어서 크고 특별한 일에서뿐 아니라 작고 평범한 일에서도 드러난다. 구체적으로 어떻게 쓰임받을 것인지는 우리의 은사와 우리가 처한 상황에 따라 결정된다. 그러나 그게 무엇인지 알기 전이라 하더라도, 하나님이 우리에게 명확한 초점과 집중해야 할 곳을 주시기 전이라도, 이름을 댈 만한 '직업'이나 '임무'가 없다 하더라도, 우리는 예수 그리스도를 따라 살도록 부름받았다. 파스칼은 다음과 같이 말했다. "하찮은 일도 크고 중요한 일을 하듯 하라. 우리 안에서 일하시고 우리의 삶을 사시는 예수 그리스도는 위대하시기 때문이다. 매우 중요한 일을 할 때에도 작고 쉬운 일을 하듯 하라. 예수 그리스도는 전능하시기 때문이다."[2]

우리가 사는 삶 속에서, 예수님을 따라 오늘을 사는 것. 그것이 바로 우리가 기억하고 훈련해야 할 제일 소명이다.

실천하기

익숙한 신앙고백(사도신경이나 다른 종류의 신앙고백문, 찬양, 기도문 등)을 하나 선택하라.
- 선택한 신앙고백을 여러 번 반복해서 읽으라. 한 문장씩 읽을 때마다 충분한 시간을 두고 그 부분에 대해 묵상하라.
  - 신앙고백문의 제일 첫 문장이나 첫 부분을 일기나 노트에 적어 보라.
  - 일상 속에서 이 고백이 무엇을 의미하는지 한두 문단 정도로 정리해 보라.
  - 이 고백을 구체적으로 어떻게 실천하고 있는지, 또는 어떤 부분에서 실천하지 못하고 있는지 자세히 적어 보라.
  - 교회에서 적극적으로 실천하고 있는 부분이나 그렇지 못한 부분이 있다면 자세히 적어 보라.
  - 앞의 네 과정을 이 신앙고백문의 다음 문장에 반복하라.
- 개인적으로나 공동체에서 실천하지 못하는 부분이 있다면 이를 고백하는 기도를 적고, 긍정적으로 관여하는 부분이 있다면 그에 대한 감사의 기도를 적으라.
- 당신의 믿음을 더 잘 실천할 방법을 깨닫도록 인도해 주시기를 구하라.

4. 삶의 자리 바로잡기

우리는 어디로 부름받았는가?

예수님을 따르려면 제자도를 방해하는 것들을 바로잡아야 한다. 우리가 살고 있는 장소부터 이야기를 시작해 보자.

예수님의 부르심을 중립적인 상황에서 듣는 사람은 아무도 없다. 세상을 바라보고 참여하는 방식이나 자신의 행위를 판단하고 우리의 주님이신 예수님께 응답할 방법을 모색하는 일은 우리 눈에는 보이지 않는, 즉 너무나 당연해 전혀 의심하지 않는 어떤 강력한 것들에 의해 결정된다.

예수님의 부르심에 응답하는 것을 방해하는 몇 가지 선입견이 있다. 예수님을 따르는 자로 산다는 소명의 의미를 명확히 하기 위해서는 현재 우리 자신을 새로 교육해야 한다.

우리가 사는 곳을 바르게 인식하기

다시 말하지만 하나님의 부르심에 대한 들음은 어떤 상황 속, 곧 우리가 현재 살고 있는 곳에서 시작한다. 이 시대의 상황은 복잡하기 마련인데, 이는 정확히 서구 교회에도 해당한다. 미국의 국가 정체성 안에 있는 큰 주제는 출애굽 이야기를 바탕으로 형성되었다. 많은 미국인들은 자신이 약속의 땅에 살고 있다고 생각한다. 그들은 스스로에게 "우리는 더 이상 그곳이 아니라 젖과 꿀이 흐르는 이 땅, 기회와 희망과 성취와 만족의 땅에 살고 있다"고 말한다. 교회 안이든 밖이든, 유럽이나 라틴아메리카, 아시아나 아프리카 같은 곳에서 이주해 왔든, 이 같은 아메리칸드림이라는 인식이 미국 문화에 깔려 있다.

약속의 땅 이야기는 히브리 성경의 가장 중요한 두 개의 패러다임 중 하나다. 이 이야기는 이스라엘의 정체성과 고향을 정의하고 그들의 일상적 삶을 확고하게 한다. 교회의 삶도 이와 동일하다. 유대인이나 헬라인이나 종이나 자유인이나 남자나 여자나 우리 모두 죽음에서 생명으로, 구속에서 자유로 초대받았다(갈 3:28). 약속받은 땅에서의 삶은 우리 모두의 것이다.

이 성경 이야기는 미국 건국 당시의 이주 역사와 연관되어, 종교적 의미의 약속받은 땅이 아닌, 기회의 땅이라는 맥락의 세속적인 개념을 뒷받침하는 것으로 이해되곤 한다.

그 바탕에는 '미국인은 생명과 자유와 행복을 추구하는 사람들'이라는 생각이 깔려 있다. 미국인들에게 생명과 자유는 행복을 위한 전제 조건이며, 어느 정도 생명과 자유가 보장된다면 행복은 자연스레 따라오는 것으로 간주된다. 자유로운 환경에서 되고 싶은 것은 무엇이든 될 수 있고, 원하는 것은 무엇이든 가질 수 있는 상황에 살고 있다.

이러한 국가 이야기는 북미 교회가 스스로 아메리칸드림의 교회라고 쉽게 간주하도록 만든다. 바로 이 아메리칸드림이 우리 교회의 정체성과 실천, 소명을 형성했다. 우리가 (주로 잘 교육받은 백인 중산층으로 구성된) 이 지배적인 미국 문화 속에 있다면, 우리는 우리의 삶이나 미래에 대한 낙관적인 생각을 하도록 길들여지는데, 이때 믿음은 아메리칸드림을 성취하기 위한 하나의 수단으로 전락할 때가 많다.

한편, 문화는 교회로 하여금 상품이나 제품, 시장의 가치와 경험에 의존하도록 요구하기도 한다. 시장은 변화에 민감하고 언제나 열려 있어서 소비자를 유혹하고 끌어들인다. 소비는 우리를 약속의 땅으로 한 발자국 더 다가가게 해 줄 것을 약속한다. 여기가 젖과 꿀이 흐르는 땅이라고.

약속의 땅에서 찾고 입고 먹고 꾸미고 노는, 곧 '소비하는' 것이 교회의 마음을 사로잡았으며, 이제 그리스도인들의 소비 성향은 일반 대중과 구별되지 않는다. 약속의 땅 신념과 소비 기회가 만날 때 이는 강력한 경제적·사회적·영적 기제가 된다. 약속의 땅에 대한 기대는 소비 주의에 불을 붙였고, 이를 바탕으로 거대 기업들이 나타나기 시작했다.

우리에게 '딱 맞는' 교회를 찾으려 하는 것도 이것의 한 예다. 교회 쇼핑이라는 말은 이제 단순히 비유가 아니다. 이는 소비 본능에 따라 움직이는 신앙의 한 방식으로, 교회 쇼핑을 하는 '소비자'들은 기쁨, 사랑, 행복, 평안, 친구, 배우자, 가정, 직업, 안전, 안정감 같은 개인적 목적을 달성하려는 욕망을 갖고 있다. 성령의 열매가 상점에 진열된 상품이 되고 만 것이다.

당신이 지금 약속의 땅에 살고 있고 약속의 땅이 당신을 위해 존재한다고 생각한다면 이러한 접근이 현실적으로 느껴질 것이다. 당신은 그저 이용할 수 있는 것을 이용하는 것뿐이다. 남들도 다 그렇게 하고 있으니까.

약속의 땅이 약탈의 땅이 될 때, 복 받는 것 자체가 목표가 되어 축복의 본래 목적이 잊히거나 거부될 때, 우리에게 남는 것은 껍데기뿐이며 약속의 땅이 의도했던 삶은 유지되지 않는다. 축복은 열매를 내지 못하는 과일나무가 된다. 그 안에는 씨앗이 없고 더 크고 깊은 목적도 없다. 약속의 땅에서 생명력이 제거되는 것이다.

이 현상이 세속 문화의 증상이거나 믿지 않는 사람들에게만 일어나는 일이라면, 이는 세계에 대한 기독교적 비전과 대비되는 모습이라고 말할 수 있다. 그러나 만약 그리스도인들의 약속과 축복에 대한 비전에서 이처럼 속이 빈 상태가 발견된다면 이는 심각한 것이다.

하나님이 이스라엘에게 약속하신 약속의 땅은 하나님이 주시는 혜택의 열매를 따 가는 그런 곳이 아니었다. 오히려 그곳은 하나님의 백성이 되라는 소명을 살아 내며 은혜 가운데 번성하는 장소였다. 이스라엘에게 축복은 목적이 아니었다. 오직 하나님의 법도를 따라 사는 길에서 만나는 격려였다.

하지만 많은 예언자들은 이스라엘 백성에게 하나님의 계획이 아닌 자신들의 목적을 추구하는 방향으로 왜곡되어 있는 삶에 대해 선포했다.

> 그들이 날마다 나를 찾아 나의 길 알기를 즐거워함이
> 마치 공의를 행하여
> 그의 하나님의 규례를 저버리지 아니하는 나라 같아서
> 의로운 판단을 내게 구하며
> 하나님과 가까이하기를 즐거워하는도다.
> 우리가 금식하되 어찌하여 주께서 보지 아니하시오며
> 우리가 마음을 괴롭게 하되 어찌하여 주께서 알아주지 아니하시나이까?
> 보라, 너희가 금식하는 날에 오락을 구하며
> 온갖 일을 시키는도다. (사 58:2-3)

이스라엘 백성들은 소명을 잃어버렸고 약속의 땅도 잃어버렸다. 약속의 땅은 바빌론에 의해 삼켜지고 파괴되었다. 이제 그들은 약속과 신실함의 표지가 있는 땅을 떠나 포로 생활을 한다. 모든 것이 변했다. 비슷하게 보일지 모르지만 그 기본 전제가 다르다.

4. 삶의 자리 바로잡기

나는 하나님의 백성이 망명지에 살고 있다고 믿는다. 물론 아직도 많은 이들이 약속의 땅 안에서 길을 잃은 것뿐이라고 생각하지만, 그것이 환상에 불과함을 깨닫는 사람들이 점점 많아지고 있다. 하지만 우리의 상황은 망명 생활, 즉 낯선 땅에서 이방인으로 사는 삶이다. 그동안 우리는 세상 문화가 우리를 지배하는 것을 용납했고 거기에 일조했다. 이제 세상 문화는 우리를 집어삼켰고 그 안에서 우리는 소수가 되었다. 영적 쇠락의 압박에 저항하고 있음에도 쇠퇴하고 있는 문화 세력이 되었다. 기독교 왕국이 지배하던 시절의 교회는 점점 사그라지고 있다.

망명지에서 소명을 이루려면 다른 환경에 적응해야 하고 주위 환경 및 문화적 신호들을 전혀 다르게 해석해야 한다. 정착민이 아닌 이방인으로서, 우리에게 특별한 기대를 가지고 있는 우리 주위의 사람들에게 우리의 모습을 알려 주기 위해서다. 세상이 왜 이 모양이냐고 볼멘소리를 내서는 안 된다. 우리는 세상이 변하는 것과 상관없이, 우리 삶의 온전함을 가지고 있는 그대로의 세상을 사랑하도록 부름받았다. "너희는 내가 사로잡혀 가게 한 그 성읍의 평안을 구하[라]…이는 그 성읍이 평안함으로 너희도 평안할 것임이라"(렘 29:7). 예수님도 말씀하셨다. "너희가 너희를 사랑하는 자를 사랑하면 무슨 상이 있으리요 세리도 이같이 아니하느냐?…나는 너희에게 이르노니 너희 원수를 사랑하며 너희를 박해하는 자를 위하여 기도하라"(마 5:46, 44).

지금 어디에 살고 있는지 제대로 알지 못하면 교회는 그 소명을 실천하며 살 수 없다. 우리 문화는 인간은 자유로운 주체이며 인생에서 이루고 싶은 것이 있다면 그것을 해야 한다고 말하고, 세상은 우리의 식단, 옷, 체중, 소유, 직업, 지식이 우리가 누구인지를 결정한다고 속삭인다.

세속주의에 대한 교회의 불평은 주위 사람들에게 떼쓰는 아이의 목소리처럼 들릴 뿐이다. 이는 오늘이 어제 같지 않다거나 고통을 겪는 게 힘들다고 불평하는 것과 마찬가지다. 우리의 소명은 이상이 아닌 현실의 삶에 있다. 예수님의 제자로서 회복의 삶을 살라고 부름받은 동시에 사회문제에 대해서도 책임이 있음을 뜻한다. 이러한 소명을 지혜롭고 신실하게 수행하기 위해 우리는 우리가 사는 곳이 어디인지 명확히 인식해야 한다.

망명 생활이 주는 선물

망명지에서의 삶은 과거 이스라엘과 현재 교회에게 신자들이 진정한 신앙을 가질 기회를 마주치게 해주었다. 외면할 수 없는 현실이 닥쳐와 무엇이라도 해야 하는 그 순간, 우리 신앙을 완전히 변화시킬 만한 선물을 받는 것이다. 세상을 약속의 땅으로 바라보면, 우리는 모든 불협화음이 사라지고 사람들이나 상황이 대부분 우리 입맛에 맞기를 바라게 된다. 그러나 망명 생활 중이라는 사실을 인정하고 이해하면, 우리는 진정한 신앙과 사랑을 실천하는 일이 실제로는 매우 어렵고 많은 희생을 요구하는 일임을 깨닫게 된다. 이러한 어려움은 쉽게 사라지지 않고 지속될 가능성이 높다. 이로 인해 우리는 망명지에 있음을 상기할 수 있다. 이것이 바로 좋은 소식을 가진 사람들이 듣고 겪어야 하는 나쁜 소식이다. 그렇지 않으면 좋은 소식은 그 이름값을 하지 못한다.

그리스도인이 망명 중이라는 상황을 염두에 두고 소명을 바라본다면 우리의 기대는 완전히 달라진다. 우리는 우리 삶이 안전하게 보호된 신앙의 온실이 아닌 비가 내리고 창수가 나고 바람이 불어 "그 집에 부딪치[는]" 곳에서부터 시작된다는 것을 깨닫는다(마 7:27). 이러한 상황은 그리스도인이 되는 순간 소수집단에 속할 수밖에 없는 전 세계 여러 지역에서는 이미 당연한 일이다. 이러한 환경에서 생명력 있는 영적 생활을 영위하기란 전혀 다른 상황에서 전혀 다른 삶을 실천함으로써만 가능하다.

이것이 바로 로마의 폭정 아래 있던 제자들을 가르칠 때 예수님이 염두에 두었던 점이다. 어두운 세상의 빛이나 부패한 세상 속 소금의 이미지에는 세상의 필요가 매우 크다는 전제와, 하나님의 백성과 이들을 둘러싼 세상의 차이가 매우 극명할 것이라는 기대가 담겨 있다. 예수님이 사용하신 비유들은 세상과 그리스도인의 질적인 차이를 암시함과 동시에 우리가 다른 방법으로는 얻을 수 없는 것을 세상에 제공할 것임을 시사한다. 우리는 이 세상을 변화시킬 수 있지만 이는 우리가 빛을 숨기지 않고 짠맛을 잃지 않을 때에만 가능하다. 안타깝게도 빛과 짠맛을 잃어버리는 일이 실제로 발생한다.

우리를 넘어선 삶

망명 생활을 위한 영성을 기르기 위해서는 겉과 속이 일치하는 삶을 사는 법을 배워야 한다. 이는 단순히 내적인 영성만을 기르는 일이 아니며 그 종착점 역시 영성 회복에 그치지 않는다. 낯선 땅에서 신실한 이방인으로 산다는 것은 주위 사람이나 환경에 꼭 필요한 선(good)을 제공함을 의미한다. 기독교 문화계는 주류 문화에 대해 비판의 목소리만 높인다. "요즘 영화란! 요즘 정치인들이란! 요즘 미디어란!" 소금이 없고 빛이 없다고 세상을 탓하는 것은 말도 안 되는 일이다. 예수님은 "먼저 네 눈 속에서 들보를 빼라"고 경고하신다(마 7:5).

이스라엘의 망명 생활도 이를 위한 것이었다. 이스라엘은 그들을 억압한 도시의 평안을 구해야 했다. 그 도시의 평안에서 이스라엘이 평안을 찾을 것이기 때문이었다(렘 29:7). 이것이 예수 그리스도 안에서 드러났고, 오늘날 교회의 삶에서 구현되어야 하는 하나님의 아이러니다. 하나님의 사랑은 일이 잘 풀리는 것과 상관없이 "우리가 아직 죄인되었을 때에" 주어지는 역설이다(롬 5:8). 예수님은 산상수훈에서 만사가 형통할 때 믿고 따르는 것은 대단한 일이 아니라 하셨다(마

6:25-34). 하나님의 신실하심의 증거가 잘 보이지 않을 때 당신은 무엇을 믿고 어떻게 행동하는가?

하나님의 사랑은 인류가 사랑받을 가망이 없으며, 사랑스러운 구석을 찾아보기 어렵고, 우리가 처한 상황에서 구원받는 것이 불가능하거나 구원받을 자격조차 없는 것처럼 느껴지는 바로 그 순간 주어졌다. 바울은 "긍휼이 풍성하신 하나님이" 우리에게 필요한 모든 것을 주셨다고 말한다(엡 2:4). 이것이 바로 자격 없는 이가 받은 사랑의 역설이다. 우선, 하나님의 사랑은 우리를 우리 자신으로부터 구원해 준다. 그 후 우리를 보내 우리와 마찬가지로 사랑받을 자격이 없는 이웃과 친구들에게 우리가 받은 그 사랑을 전하게 하신다. 즉 하나님의 사랑이 자격 없는 이에게서 자격 없는 이에게로 전하게 하신다.

망명지에서 산다는 것은 스스로를 돌보는 것 이상의 삶을 살아야 한다는 의미다. 이러한 삶의 방식은 소비 중심적인 우리 문화를 뒤엎는 것이므로, 우리는 현명한 선택을 내릴 수 있도록 오래된 이정표를 버리고 새로운 지표를 세워야 한다. 우선, 성공하는 삶만을 추구하는 사회적 인식에 대해 이야기해 보자.

이기는 것은 중요하지 않다

하나님은 기대하지 않은 곳에서 그럴 법하지 않은 사람들을 통해 사랑을 드러내신다. 이기는 것이 삶의 전부가 아니라는 뜻이다. 이 문제는 교회 안과 밖에서 일어난다. 사회 권력의 많은 부분은 소유하고자 하는 욕망에서 비롯되며, 이런 욕망은 다른 사람이 가진 것과 비교하여 결정된다. 이 욕망은 끊임없이 재생산되며 우리 사회를 움직이고 있다. 경쟁을 거스르는 하나님의 방법이 지닌 내적 역설은 승리에 집착하는 우리 문화와 정면으로 대치되며, 강할 때가 아니라 약할 때 부름받은 사람들을 통해 가장 큰일이 성취될 것을 기대하게 만든다. "너희 중에 큰 자는 너희를 섬기는 자가 되어야 하리라"(마 23:11). 이는 결과에 대한 기대와 권력의 본질에 대한 생각을 바꾸라는 뜻인데, 어느 것 하나도 쉽지 않다.

도덕적으로 문제되지 않는 일이 거의 없기는 하지만, 권력은 경우에 따라 유용하고 꼭 필요한 수단이다. 개인과 공공의 선을 위해 힘을 사용하는 것은 삶의 정당한 방법일 뿐 아니라, 그리스도인 특유의 삶을 사는 방식의 일부가 될 수 있으며 그렇게 되어야 한다.

사도 바울은 다음과 같이 말했다. "너희 안에 이 마음을 품으라 곧 그리스도 예수의 마음이니"(빌 2:5). 이 가르침은 예수님의 길이 다른 이를 이기려고 하기보다 희생을 감수하면서도 남을 사랑하는 망명지의 신앙을 우리에게 제시하고 있다. 이는 하나님이 우리가 성공하길 원하시며 이를 보장하고 계신다는 일부 설교자들의 흔한 주장과는 완전히 다른 영적 비전이다. 성경에서는 성공을 추구하는 길을 결코 찾아볼 수 없다.

전부 다 가지는 것도 중요하지 않다

약속의 땅에 기반한 영성은 모든 것이 지금 당장 성취되기를 바란다. 하지만 망명지의 영성은 전부를 바라기보다 부분적인 것에 만족하는 법을 가르친다. (지금은 완전하지 않을지라도) 모든 것이 어떻게든 다 잘되고 있을 것이라는 일종의 총체적 축복을 전제하는 약속의 땅과는 달리, 망명지의 삶은 부서지고 남은 잔재들로 구성되어 있다. 성전은 무너졌지만, 여전히 기도할 수 있다. 성구들은 훼손되었지만, 우리 몸이 바로 하나님이 거하시는 성전이다. 더 이상 이스라엘 민족의 절기들을 지키지는 않지만, 몸과 마음과 영의 리듬은 지금도 우리가 '부분적으로' 보고, 느끼고, 알 수 있게 해준다.

내 동료 중에 마음이 넉넉하고 검소한 미망인 한 명이 있었다. 재산이 많지는 않았지만, 고전 회화를 무척이나 사랑하는 동료였다. 그녀는 나그네 같은 사람이어서, 비용과 휴대의 용이성을 고려해 고전 회화 대신 그 작품들이 그려진 우표를 수집하기로 결정했다. 나는 이 사실을 그녀가 나를 자신의 '갤러리'로 초대했을 때 알게 되었는데, 나는 그녀의 집을 방문하는 것이 처음이었기 때문에 갤러리가 어떤 모습일지 도무지 상상이 가질 않았다. 내가 거실에 자리를 잡자, 그녀는 "세계의 훌륭한 미술품을 얼른 보여드리고 싶어요. 여기가 바로 제 갤러리랍니다"라고 말하며 탁자 위에 놓인 두꺼운 앨범을 가리켰다.

그녀는 부분에서 전체를 보며 살아가고 있었다. 그녀는 다양한 형태로 이것을 내게 가르쳐 주었고, 실패한 결혼과 단절된 직장 경력, 불확실한 상황 가운데서도 방향을 잃지 않는 사람의 좋은 모범이 되었다. 버려진 땅일 수도 있는 망명지에서 그녀는 풍성한 기쁨과 사랑의 세계를 살 수 있음을 보여 주었다.

공동체를 향한 새로운 신호

내 동료처럼 살기 위해서는 우리가 기대하지 않는 장소에서 하나님의 임재와 약속을 발견할 수 있어야 한다. 작은 힌트만 주어진 상황에서 우리를 부르는 신호를 포착해야 하는 것이다.

이는 그리스도인 공동체를 찾을 때 큰 도움이 된다. 디트리히 본회퍼(Dietrich Bonhoeffer)는 우리가 가장 먼저 해야 할 일이, 그리스도의 몸에 속한 다른 이들과 교회에 대한 기대를 버리는 것이라고 했다. 그럴 때에야 우리는 하나님을 공동체적 삶의 근원으로 여길 수 있다. 하나님만이 이런 교제를 가능하게 하시고 지속하게 하신다. 약속의 땅에 기반한 교회는 모든 것을 제공하지만 망명지에서 형성된 공동체는 그렇지 않다. 오히려 당신이 할 수 있는 모든 것을 공동체로 가져오라고 말한다.

약속의 땅에 기반한 교회에서 자라 온 사람들은 이를 받아들이기가 어려울 수 있다. 포기할 게 너무 많다거나, 안락하고 제대로 된 장소 하나 없다고 느낄 수 있다. 이는 그리스도인 공동체가 완벽하게 계획, 관리되거나 쉽게 표준화될 수 없기 때문이다. 우리는 망명 중인 다른 사람들, 이동 중인 사람들, 삶의 자리를 바로잡는다는 게 무엇이며 그것이 좋은 일인지조차 모르는 사람들 속에 있다.

새로운 신호를 포착해야 하는 또 다른 장소는 함께 예배하는 곳이다. 망명지의 예배 공동체는 우리가 기존에 공동체에 헌신한 것보다 더 많은 것을 요구한다. 우리와 함께 있는 사람들이 전부 우리와 같지도 않다. 필요한 것이 많을 수도, 우리가 익숙한 교회 문화에 섞이지 않았을 수도 있다. 이는 더 진실한 공동체가 가능하다는 의미이지만, 변화가 어렵다고 한탄하는 데 머무르지 않고 다양성 속에서 하나님을 발견하기 위해서는 연습이 필요하다는 뜻이기도 하다. 인종과 문화, 경제적으로 다양한 계층이 섞인 활발한 교회의 일부가 되기를 바랄지도 모르겠다. 그러나 이런 교회에서는 상황이 훨씬 더 복잡할 수 있다. 기대를 완전히 접어야 할 만큼 말이다.

이렇듯 교회 구성원들이 서로 다르다는 것은 단순함이나 아름다움이나 통일성이 줄어들 수도 있음을 뜻한다. 다른 환경에서처럼 편안하지 않을 수도 있다. 바로 이 순간이 우리가 찾는 것이 무엇인지, 약속의 땅이 아닌 망명 생활에 어울릴 만한 것이 무엇인지 자문해 볼 때다. 그간 교회가 전혀 반대되는 모습만 보여 주었다 하더라도, '이방인'이라는 정체성을 가지고 이방인으로 사는 것은 예수 그리스도의 사랑과 자비와 하나 된 우리 정체성의 일부다.

교회 생활을 넘어 더 넓은 세계의 사람들을 사랑하고 섬기는 자로 성장하고 성숙하기 위해서는 망명지의 그리스도인 공동체에서 사랑하고 섬기는 법을 반드시 배워야 한다. 진실한 사랑을 실천하는 데, 특히 이방인을 사랑하는 데 필수적 요소인 정직과 순종과 인내와 공감을 통해 우리는 앞으로 한 걸음 더 나아갈 수 있다.

나는 이런 공동체를 직접 경험했다. 노숙자들과 정신 질환을 가진 이들, 대인관계에 무척 서툰 사람들이 내가 섬기던 버클리 제일장로교회 공동체에 함께하는 과정에서 특별한 감동이 있었다. 우리가 공유하는 삶과 소그룹 모임과 야유회와 공동체 봉사 등에 이들도 참여하게 되었는데, 대학원생 같은 고학력자나 전문직 종사자들에게 이런 관계가 자연스러운 것이 아니었음에도 교회는 참된 제자의 삶이 무엇인지 보여 주는 진실하고 사랑 넘치는 공동체의 모습을 드러냈다.

그리스도인 공동체 안에 이웃을 사랑하는 능력과 경험이 쌓이면, 우리는 지역사회와 직장에서 사랑이 필요한 곳을 감지하고 반응할 수 있는 더 나은 직감과 능력을 가지게 될 것이다. 공감하고 사랑하는 능력은 타고 나는 것이 아니라 우리 가정환경이나 성장 환경에 영향을 받는다. 우리의 기본적인 능력 이상으로 사랑하고 섬기는 법을 배우는 데는 다른 제자들의 도움이 필요하다.

공감의 뿌리 프로젝트(Roots of Empathy Project) 창시자인 메리 고든(Mary Gordon)은 아이들에게 공감하는 법을 가르치는 것이 매우 중요하다고 생각해, 이를 프로그램으로 만들었다. 이 프로그램은 캐나다 교육과정에 도입됐고 이제는 미국을 포함해 많은 나라에서 시행되고 있다. 또한 어떤 연구에 따르면 갓 태어난 신생아의 성장을 경험하도록 애정을 기울여 조심스럽고 계획적인 방법으로 아이들을 노출시킴으로써 이들의 삶을 영구적으로 변화시킬 수 있음이 밝혀졌다.

예수님을 따르는 우리는 우리가 섬기는 분의 이름으로 공감과 사랑의 증거가 되라 부름받았다. 그렇다면 예수를 따르는 자들이 자신이 경험한 사랑에 의해 변화되었음을 확증하는 이중맹검 연구는 과연 어디에 있는가? 제자 훈련 수업에서만이 아니라 다른 곳에서도 사랑을 실천하고 있음을, 사랑의 손길이 절실한 곳에서 우리 사랑이 명확히 드러나고 있음을 보여 주는 장소는 대체 어디인가?

우리 소명이 믿을 만한 것이라면, 이는 삶을 통해 검증되어야 한다. 이는 망명지에서 우리가 해야 할 일과 생각, 보여야 할 독창성과 자비에 대한 새로운 신호를 알아내고 그에 반응해야 한다는 의미다.

실천하기

앞으로 며칠 동안 일기장이나 공책, 스마트폰 애플리케이션 등을 가지고 다니며 두 가지 목록을 만들어 보라. 하나는 약속의 땅에서의 삶에 대한 목록이고 나머지 하나는 망명지에서의 삶에 대한 목록이다. 두 가지 삶의 형태가 나타날 수 있는 일상적인 것들을 기록하라. 다음과 같은 것들을 적을 수 있겠다.

- 당신이 권력을 유지하거나 행사하는 방법 또는 권력을 얻기 원한다는 것을 보여 주는 활동은 어떤 것들이 있는가?
  - 다른 사람을 이기고 싶고, 더 잘하게 되고, 강해지고, 빨라지기를 원하는 욕구를 자극하는 것은 무엇인가?
  - 소비자로서 당신의 성향은 어떠한가?
  - 당신이 행복하기 위해 가장 필요한 것은 무엇인가?
  - 다른 사람들은 어떨 것이라고 생각하는가?
- 두 목록을 비교해 보고 '새로운 신호'를 찾는 것이 삶의 어떤 부분에 이로울지 생각해 보라(p. 75 참조).
- 기도하는 마음으로 직장이나 가정이나 학교나 어디서든 일상생활을 통해 당신이 살고 있는 도시의 평안을 구하는 방법을 한두 가지 정도 생각해 보라.

5. 삶의 방식 바로잡기

우리는 어떤 삶으로 부름받았는가?

우리는 생각과 행동의 간극을 잘 알고 있다. 우리가 믿고, 입으로 시인하는 것들은 실제 우리 행동과 꽤나 다르다. 우리 중 누구도 옳다고 믿는 바를 그대로 실천하지는 못한다.

이런 경향은 하나님의 백성들에게 특별히 더 심각한 위기라고 볼 수 있다. 왜냐하면 교회는 결국 세상이 하나님의 손과 발을, 하나님의 음성과 어루만지심을 경험하게 하기 위해 부름받은 하나님의 **에클레시아**이기 때문이다. 그리스도인의 삶은 성육신적인 삶이어야 한다. 복음의 정수는 하나님의 구원하시는 사랑을 보여 주고 실천하는 데 있다. 복음을 삶에서 실천하고 함께 나누는 공동체야말로 복음이 사람들의 삶에 뿌리내렸다는 증거다.

종교개혁은 로마 가톨릭이 부과한 구원에 대한 인간의 짐을 덜어 주었다. 바티칸 법전에 순종하고 충성하고 복종하고 이를 준수할 것을 요구하는 지나친 규율은 마르틴 루터(Martin Luther)를 짓눌렀다. '오직 은혜'(sola gratia)라는 그의 말에는 우리는 할 수 없지만 예수 그리스도께서 우리를 위해 하신 일이 가져오는 놀랍고 생명력 있는 희망이 잘 표현돼 있다. 우리는 우리의 행위와 성취가 아닌, 오직 은혜로만 구원을 받을 수 있다. 이러한 깨달음은 루터의 삶뿐 아니라 이후 수백만 명의 삶을 바꿔 놓았다.

루터는 이러한 생각을 지나치게 확고히 주장한 나머지, 야고보서의 중요도가 현격히 떨어진다고 결론 내리기도 했다. 야고보서가 구원에 있어 행위의 중요성을 지나치게 강조한다고 보았기 때문이다. 루터의 주장은 많은 개신교 신앙 운동이 행위보다는 믿음을 더 강조하는 방향으로 나아가게 했다. 우리의 행위가 아니라 예수 그리스도가 하신 일만이 중요하다고 말이다.

이는 사실 루터의 시각을 지나치게 단순화하고 축소시킨 것이지만, 많은 개신교인들에게 이러한 생각이 만연해 있다. 구원에 이르는 길은 오직 은혜밖에 없고 그것만이 중요한 것이라면, 행위는 우선순위에서 밀려날 수밖에 없다. 그렇게 되면 우리의 시간과 몸을 어떻게 사용하고 어떤 선택을 내리는지의 문제는 중요하기는 하지만 우리의 믿음만큼 중요하지 않게 된다. 이런 생각이 신앙생활을 외향적이며 공적인 것이 아닌, 내향적이고 개인적인 영적 활동으로 만들어 버렸다. 깨닫지 못하는 사이에 우리는 반석이 아닌 모래 위에 집을 짓는 사람들이 되고 만 것이다(마 7:24-28). 실제로 우리는 이렇게 단순한 믿음을 정당화하려고 마태복음 7장 말씀이 없는 것처럼 산다.

소명을 믿는 것, 살아 내는 것

얼마 전에 내가 주례를 맡기로 한 결혼식 전야 만찬에 참석했다. 하객들과 이야기하며 저녁을 먹던 중 내가 누구인지 전혀 모르는 한 커플을 만났다. 이들은 자신들의 관계와 좋아하는 약물, 굉장히 개방적인 성생활에 대해 놀랄 만큼 자세히 이야기해 주었다. 그러더니 갑자기 나에게 직업이 뭐냐고 물었다. 목사에게 흔히 일어나지 않는 순간이었다. 나는 내가 누구인지 밝히고 다음 날 결혼식 주례를 맡기로 했다고 설명했다. 이들은 좀 당황하기는 했지만 전혀 개의치 않는 듯 말했다. "아! 저희도 예수님을 믿어요. 믿는다는 게 중요한 거죠, 그렇죠?"

대부분의 교회들이 만들어 낸 '믿음은 은혜의 증거'라는 보편적인 오해를 이 커플도 그대로 갖고 있었다. 주님을 믿는다는 고백 자체가 가장 중요하다는 것이다. 우리는 우리가 할 수 있는 유일하게 가치 있는 행위(믿음)를 함으로써 스스로를 의지하지 않음을 명확하게 해 준다고 생각한다. 이 행위는 그 자체로 신성한 주문이 되며, 이로 인해 사랑과 봉사, "두렵고 떨림으로" 우리 구원을 이루는 일(빌 2:12), "하나님의 선하시고 기뻐하시고 온전하신 뜻이 무엇인지" 분별하는 일(롬 12:2)의 가치를 간과하게 한다.

여기서 삶은 본질적으로 사랑과 섬김의 행위로 의미 있는 것이 아니라 주로 믿음의 연단이라는 점에서만 중요하다는 추론이나, 이 시대의 고통은 영생의 축복과 비교하면 아무 것도 아니라는 생각으로 발전하기 쉽다. 하나님의 사랑과 자비와 관용과 정의를 이 세상에 보여 주는 것은 본질이라기보다 장식품에 가까워진다. 그래서 정의와 자비를 실현하는 것이 우리 관심 밖으로 멀어지거나, 은혜를 받는 유용한 수단으로만 여겨진다.

우리의 소명은 하나님이 창조하시고 예수 그리스도가 생명을 내어 주신 세상에서의 삶을 통해 드러나야 한다. 하나님의 부르심을 듣기 위해 우리 자신을 내드리며 이를 위해서는 하나님이 창조하고 계획하신 현실의 시공간에서 무엇을 믿고 어떻게 행동할 것인지 귀를 기울여야 한다. 무엇을 믿는지도 중요하지만, 믿음은 우리가 어떤 삶을 살아가는지를 통해서만 명확히 드러나기 때문이다.

"성경은 가난한 자와 고아와 과부에 대해 이야기를 많이 해요. 이 문제가 하나님에게 정말 중요하고 저에게도 중요하다는 건 의심할 여지가 없어요." 제인이 처음 그리스도인이 되었을 때, 이런 기본적 확신이 있었고 이 확신은 그녀의 평생을 이끌어 갔다. 제인은 학업이나 직업에 대해 다른 계획을 갖고 있었지만, 대학교 4학년 때 자신의 전공을 바꿔 도시 빈곤층 문제를 해결하는 데 삶을 헌신하기로 결정했다. 남편과 사귈 당시에도, 결혼하면 도심의 빈민 지역에서 살 계획을 명확히 했다. 이들은 얼마 동안 워싱턴 DC에 있는 방 하나짜리 아파트에서 마약중독자 여성과 그녀의 아이와 함께 사는 자신들의 계획을 실천했다.

후에 제인과 그녀의 남편은 가난한 자들의 필요를 돌보는 국제 기구에서 일하게 됐고, 교외에 새집을 마련했다. 이들은 그때부터 쭉 그 집에 살고 있는데, 도심 빈민 지역에서 살 것을 고집했던 제인의 모습을 돌아보며 웃곤 한다. 그녀는 여전히 가난한 자들을 위해 살라는 하나님이 주신 소명을 살아 내고 있지만, 그 모습은 시간이 지나면서 조금씩 변화되었다. 겸손하게, 자만하지 않기 위해, 제인은 아마 자신이 하는 일을 '소명'이라 부르지는 않을 것이다. 자신이 줄곧 상상했던 모습 그대로는 아니었을지 모르지만 그녀는 믿는 바를 실천하는 삶을 살기 위해 노력해 왔다.

예수님은 "나를 믿으라"고 말씀하시지 않고 "나를 따르라"고 하셨다. 우리가 하나님이 주신 소명을 좇으려면 믿고 따라야 한다. 이 행위들이 우리의 삶과 목적을 반영하기 때문이다. 행위에 의해 구원을 받는 것은 아니지만, 우리는 행위를 통해 예수 그리스도 안에 있는 하나님의 생명을 드러내기 위해 구원을 받는다.

하나님의 부르심을 어떻게 드러낼 것인가

로버트는 믿음의 사람이며 타고난 과학자다. 본래 그는 (자신도 인정하듯 반쯤은 숭고하고 반쯤은 그렇지 못한 이유로) 의학을 공부하려 했다. 그러나 의학 대신에 신학으로 방향을 돌렸다. 6년간의 청소년 사역과 신학대학 학위를 마치며 그는 "인생에서 가장 보람 있는 시기"를 보냈다. 그러나 그리스도를 따라 살면서 과학계로 돌아가고 싶은 갈증을 느꼈고, 위험성 높은 의료 개발에 뛰어들었다. 이는 그의 성격과 재능, 기회 그리고 그가 속한 공동체 모두가 종합해서 내린 결론이었다. 로버트 자신에게도 매력적인 소명이었고, 외적으로는 인류에 봉사하는 동시에 의료 분야의 필요를 채울 수 있는 기회였다.

프레드릭 뷰크너(Frederick Buechner)는 "하나님이 당신을 부르시는 곳은 당신의 깊은 기쁨과 세상의 깊은 갈망이 만나는 지점"이라고 했다.[1] 그렇다. 우리는 우리 삶의 안팎에서 소명을 발견할 수 있다. 그러나 소명이 하나님이 주신 것이라면 현실에 바탕을 두고 있어야 한다. 신앙과 과학을 향한 로버트의 두 가지 소명은 하나가 되어 두 분야 모두에서 불가분의 관계를 이루었다. 그의 신앙은 그가 하는 일의 방향을 제시하고 동기를 부여했으며, 과학은 그의 신앙과 상호적으로 작용했다. 각 소명은 저마다 정당성이 있고, 하나님은 이들 모두를 붙잡고 계신다. 로버트의 경험은 "만물[을] 그 안에 함께 [서게 하시는]" (골 1:17) 하나님이 우리에게 주시는 소명이 무엇인지 잘 보여 준다. 이는 믿음의 삶인 동시에 행하는 삶이다. 소명은 우리의 믿음이 맺은 열매이며 삶에서 실현된 믿음의 증거다.

성경은 하나님이 인간과 달리 마음의 중심을 보는 분이라 말한다.

성경에서 다윗이 전사나 왕이나 친구가 아닌, 하나님이 "내 마음에 맞는 사람"(행 13:22)이라 말씀하신 사람으로 특징지어지는 것을 볼 때, 여기서 우리는 공통점을 하나 발견할 수 있다. 바로 하나님과의 교제와 친밀함에 관한 것이다. 이는 요한복음 17장에서 예수님이 제자들을 위해 다음과 같이 기도하신 이유를 설명해 준다. "아버지와 아들이 하나 된 것같이 우리도 하나가 되게 하소서."

우리는 이것이 마음이 하나 되는 영적 교제임을 알고 있다. 하지만 우리는 하나님과 친밀하게 교제할 수 있는 유일한 방법이 이것뿐이라 생각하고, 땅을 일구고 직장에 다니고 가난한 사람들을 위해 무료 급식을 하거나 야구를 즐기는 활동은 하나님과의 내적 교제에 비해 하찮은 것에 불과하다고 생각한다.

이 상황을 극복하는 데 기도는 매우 중요한 동력원이다. 기도는 우리가 직면한 모든 어려움에 맞서 모든 시간과 모든 장소에서 하나님과 대화하며 사는 삶의 훈련이다. 하나님과 항상 대화하며 사는 것, 기도의 삶을 사는 사람이 되는 것은 영적 성숙의 가장 중요한 부분이며 하나님의 인도하심을 분별하는 열쇠다.

그러나 영적 훈련에 대한 오해는 물리적인 세상을 영적 세상의 적으로 돌리게 한다. 주후 2세기 영지주의의 등장 이래, 기독교 영성에는 그림자가 드리웠다. 영지주의는 물질적인 것에 반대하고 영적인 것에 우선순위를 둔다. 이 사상이 매력적으로 느껴질 수도 있다. 물리적인 일상생활의 자질구레한 문제와 어려움에서 해방되어 위안을 얻을 것이라는 기대를 하기 때문이다. 이는 모든 타협과 모호함에서 벗어나 순수함을 추구하라는 부르심과 같다.

영지주의에 따르면 우리의 내면생활은 하나님과 함께하는 것이며 하나님을 위한 것이고, 우리의 외적인 삶은 그저 신경을 분산시키는 방해 거리에 불과한데, 이는 분명 매력적이지만 잘못된 것이다. 이는 인간의 몸을 입고 살다 죽으시고 부활하신, 우리의 주인이신 예수님을 통해 드러난 현실과는 거리가 멀다. 하나님 백성의 소명과도 전혀 관계가 없다. 예수님의 참된 제자들은 영적 세계로 도망치는 현실 도피주의자가 아니라, 하나님이 새롭게 하시는 물리적인 세계 안에서 하나님의 임재와 사랑과 정의를 보여 주는 명확하고 실질적인 증거가 되어야 한다.

하나님의 부르심을 잘 듣기 위해서는 내면과 외면의 삶을 구분 지어서는 안 된다. 내면과 외면의 구분은 우리에게 반쪽짜리 진실만을 보여 줌으로써 하나님의 부르심을 감지하는 것을 방해한다. 우리는 보통 내면생활은 친밀하고 개인적이며 접근하기 쉬운 반면, 외적인 삶은 현학적이고 기계적이며 피상적이라고 생각한다. 이는 우리의 내적 자아가 우리의 참된 자아고 우리의 외적 자아는 그에 못 미친다는 가정이다. 우리는 이를 바탕으로 하나님이 더 가치 있고 우리 자신이 어떤 존재인지 더 잘 보여주는 것을 우리의 내면에서 보신다고 추론할 수 있다. 누군가를 제대로 알기 위해서는 그 사람의 속마음을 알아야 한다는 것이다.

이는 직관적으로 옳은 것처럼 보인다. 그러나 이것은 이야기의 한 부분에 불과하다. 하나님은 우리의 마음을 아시지만 우리의 행위 또한 아신다. 다른 사람들이 볼 수 있는 것도 보시고, 겉으로 드러나지 않는 속까지 꿰뚫어 보신다. 하나님과 우리 사이에 차이점이 있다면 하나님은 감추어진 것까지 보신다는 것이다. 겉으로 드러난 행동뿐 아니라 우리에게 선한 마음과 악한 마음까지 있음을 하나님은 아신다.

다윗의 내면에는 그의 겉모습에서 보이는 것보다 하나님을 향한 큰 사랑이 있었고, 동시에 큰 죄악도 있었다. 하나님은 내면과 외양 전부를 보고 우리를 판단하신다. 그래서 다윗의 잔인함과 음란함은 하나님께 중요한 문제였다. 다윗의 행동뿐 아니라 내면에 죄악이 있었기 때문이다. 또한 하나님을 향한 다윗의 사랑은 겉모습이 보여 주는 것보다 훨씬 더 진실했고 영향력이 있었다. 다윗의 내면생활이나 외적인 삶 어느 한쪽도 그 자체로 충분하지 않았다. 한쪽만으로 전체를 평가할 수도 없다. 그러나 그는 내면과 외적인 삶 모두를 보았을 때 하나님의 부르심에 합한 사람이었다.

다윗 왕의 이야기에서처럼 전체를 보는 법을 배우기보다 우리는 내적인 삶에 우선순위를 내주었다. 내면에 집중하는 것은 철학적·심리학적 이유에서 매력적일 뿐 아니라 실천으로 옮겨야 한다는 부담감으로부터 도망칠 구멍을 만들어 준다는 점에서 실용적이기도 하다. 노력이 부족했고, 할 수도 있는데 하지 않았던 일에 대한 부담, 혹은 우리가 한 일에 대한 부담을 내려놓고 우리는 마음속으로 숨는다.

더 나은, 더 진실된 마음을 갖고 있다고 주장하기만 하면 시끄러운 죄책감의 입을 다물게 할 수 있는 것이다.

이렇게 내면에 우선순위를 두는 것은 누군가를 걱정하고 염려하는 느낌만 들어도 그들을 돌보고 사랑하고 있는 것이라 착각하게 만든다. 편리할지는 모르지만 잘못된 논리다. 누군가를 돌보고 사랑하는 일은 우리의 마음이 따라가야 함은 물론, 우리의 피와 살, 시간과 노력이 들어가야 하는 일이다. 아무리 사랑한다고 말한들 행동이 뒷받침하지 않으면 이를 곧이들을 배우자나 자녀, 친구는 없다. 하나님도 마찬가지다. 우리가 누군가를 사랑하기 원하고 적어도 그래야 함을 인식하고 있다는 건 하나님도 아신다. 그러나 하나님은 우리가 다른 사람들의 필요를 공급하기보다 우리 스스로의 필요를 우선할 수 있다는 것과 그 과정에서 사랑의 행위가 사라져 버린다는 것 또한 알고 계신다.

정반대의 경우도 있을 수 있다. 우리는 쓴 뿌리나 미움, 무관심을 마음속에 숨겨둘 수 있다. 하나님이 아닌 다른 누구도 이를 보지 못할 것이고, 하나님은 이해하시고 용서하시는 분이시니 괜찮을 것이라고 생각하면서 말이다. 이러한 경우에도 우리 마음이 행위를 억누른다. 어느 쪽으로든 가능하다. 보통 편견과 인종차별, 교만이 도사리고 있는 장소가 여기다. 우리는 사랑할 능력이 있고, 변할 필요가 없다고 스스로를 속인다. 혹은, 미워하는 마음이 있지만 그것을 드러내거나 바꾸지는 않으리라는 것을 알고 있다.

존은 자신의 마음과 삶에 무엇이 숨어 있는지 알고 있었다. 그는 자신을 옥죄는 내면의 문제를 정확히 인식하고 있었다. 회사에서는 끊임없이 공격적인 협상을 해야 했다. 그러나 이제 하나님의 은혜로 예수 그리스도를 따라 살라고 부름받았고, 눈에 띄게 변화가 일어났다. 하나님 앞에서 솔직하게 존은 자기 내면의 문제들을 해결해 나가고 있다. 부름받았다는 자각이 있었기 때문에 삶의 많은 부분이 조금씩 변하기 시작했다. 그는 이제 의식적으로 협상 상대자를 포용하려고 노력했다. 관계를 맺고 사랑하라고 하나님이 보내신 사람으로 바라보려고 말이다. 이러한 변화는 그의 관계와 사업에 극적인 변화를 가져왔다. 존의 이야기는 내면과 외면을 아우르는 변화가 무엇인지 보여 주는 좋은 예다.

켄은 신실한 목회자 가정에서 자랐다. 도심에서 사역하는 활동가 목사의 아들인 그에게 개인의 신앙과 행동은 나뉠 수 없는 하나였다. 그는 그리스도에 의해 도시가 변화되길 간절히 바랐다. 하나님이 목회를 하라고 부르실 수도 있다는 느낌을 받기는 했지만, 공학과 과학을 사용해서 사회를 변화시키는 방법으로 세상을 섬기는 데 더 관심이 있었다. 그래서 그는 공학을 전공했고 지역사회와 보통 사람들의 삶에 매일 큰 영향을 미치는 차도와 다리를 짓는 공익 사업 분야에서 일했다. 이것이 켄이 자신의 내적인 삶과 외적인 삶을 하나로 연결시킨 방법이었다. 그의 일상의 신조는 '행위로 드러나는 믿음'이었다. 그는 꼭 필요한 장소에 적합한 공정을 거쳐 제대로 된 다리를 짓는 것으로 사람들을 사랑하고 자신의 믿음을 구체적으로 실천하기 위해 노력하고 있다. 켄은 말한다. "하나님의 본래 계획은 이게 아니었을지도 몰라요. 그러나 하나님은 이 방향으로 나아가고 싶어 하는 나의 마음을 받아들여 주시고 존중해 주셨어요. 처음에는 나 자신의 욕심에서 시작했지만, 이렇게 공공사업으로 소명이 바뀐 거죠."

우리를 속속들이 아시는 하나님은 우리의 내면생활과 외적인 삶 모두를 중요하게 생각하신다. 우리의 신앙생활은 내적으로나 외적으로나 명확히 드러나야 하며 서로를 통해 입증되어야 한다. 이것이 바로 마음과 행위가 일치하는 하나님의 영광, 곧 하나님의 실재를 드러낸다는 의미다. 그러나 우리는 태생적으로 그렇지 못하다. 그래서 우리는 은혜가 필요하다. 은혜는 우리가 내면생활과 외적인 삶을 통해 하나님의 사랑과 정의, 즉 자비와 진리를 증거하는 온전하고 치유된 새 사람이 되게 한다. 만약 당신이 "마음을 새롭게 함으로 변화를 받[았다면], 하나님의 선하시고 기뻐하시고 온전하신 뜻이 무엇인지 분별"할 수 있을 것이다(롬 12:2). 바로 지금 이 일이 일어나고 있다.

실천하기

신뢰할 만한 친구나 가족을 한 명 초대해서, 함께 예수님을 '믿을' 뿐 아니라 '따를' 방법을 찾아보라.

- 친구를 만나기 전에, 하나님이 매일의 삶 가운데 구체적으로 어떤 방법으로 예수님을 '따르도록' 부르시는지 기도하며 고민해 보라. 당신이 믿음으로만 그치지 않고 실제로 어떤 영역에서 따르는 삶을 살고 있는지 정직하게 평가할 수 있도록 성령님께 도움을 청하라.
- 자신의 생각을 친구와 나누고, 소명을 이미 잘 실천하고 있는 부분이나 부족한 행동들에 대해 함께 생각해 보라.
- 믿음을 실천하는 데 서로를 세워 줄 방법을 찾아 친구와 함께 구체적인 계획을 세워 보라.

6. 삶의 초점 바로잡기

우리는 누구를 위해, 무엇을 위해 부름받았는가?

소명에 관해 알아야 할 또 다른 문제는 소명이 과연 개인적인 차원의 것인가 하는 점이다. 소명은 나에 대한 것인가? 아니면 우리에 대한 것인가? 하나님의 부르심을 받은 이는 누구인가?

로버트 퍼트넘(Robert Putnam)의 베스트셀러 「나 홀로 볼링」(*Bowling Alone*, 페이퍼로드)은 많은 사람들이 경험하는 사회적 공허의 증가와 인간관계의 허무를 그려 내 우리 사회에 경각심을 불러일으켰다. 이 책이 출판된 이후 9/11 테러부터 소셜 미디어의 폭발적 증가, 세계 경제 위기에 이르기까지 많은 일이 있었다. 지리적 위치, 경제적 지위, 국적, 인종, 종교의 차이가 있는 사람들 사이의 사회적 관계를 조사해 본 결과, 이들 사이의 사회적 분열이 개인이 느끼는 고립과 정비례하는 것으로 나타났다.

오늘날 우리의 일상에서 공동체와 관련된 부분은 거의 사라졌다.

세계 각 지역이 점점 도시화되고 세계 인구가 70억을 넘어선 지금, 삶을 혼자라 느끼는 사람이 많다는 것은 아이러니한 일이다. 우리는 물리적으로 어느 때보다 가까이 있지만 어느 때보다 서로 단절되어 있다. 퍼트넘은 지난 25년 동안 사람들의 동호회 참여율이 58퍼센트, 가족과의 식사가 43퍼센트, 친구를 집에 초대하는 일이 35퍼센트 감소했다고 밝혔다.[1] 우리는 공동체를 거부하는 동시에 갈망하고 있다.

공동체는 그리스도의 제자로 살아가기 위한 초석이다. 우리는 하나님의 백성이라는 공동체의 일원이기 때문이다. 혼자서는 신실한 삶을 살 수 없고 하나님의 부르심을 듣는 일도 거의 없다. 성경적으로 보면 하나님의 부르심과 하나님의 백성 공동체는 불가분의 관계에 있다. 그러나 교회 안에는 세상의 전반적인 문화와 마찬가지로 공동체를 추구하면서도 이를 피하는 모습이 많이 있다. 물론 교단과 지역에 따라 정도의 차이가 있지만 개인을 우선하고 모든 사람들이 그렇게 할 것을 종용하는 문화를 거스르기가 결코 쉽지는 않다.

바쁜 사람들을 그룹으로 묶는 것도 어려운 일이다. 서로를 우선순위로 삼기에는 사는 곳이 다르고, 일상에 접점이 없으며, 놀거나 휴식을 취하는 장소가 서로 다르기 때문이다. 다양한 문화권의 사람들로 구성된 교회의 증가 역시 이를 어렵게 만든다. 인종과 문화라는 사회적 범주를 넘어 서로를 향한 지지와 사랑 가운데 성장하기란 힘겨운 일이기 때문이다. 우리가 현재 속한 사회적 그룹의 행동 양식에 고착될수록 우리 삶에서 교회 공동체가 차지하는 시간과 공간은 이 세상에 실제적 변화를 가져오기에 부족할 것이다.

피닉스 중앙교회는 개인의 욕구 충족을 그 무엇보다 중요하게 여기는 소비주의적 기독교 문화에 대항하기 위해 노력하고 있다. 이 교회에서는 세례를 받을 때 "나보다는 다른 사람들을 위해 지음받음"이라 적힌 티셔츠를 함께 받는다. 이 정신이 교회가 회복해야 할 정체성이며, 이는 소명을 성경적인 시각에서 이해하는 데 필수적이다.

우리와 소명을 함께할 사람들

우리는 날 때부터 각자 다른 사회적 출발점에 선다. 어떤 경우에는 심한 차이가 있는데, 이는 문화와 경제와 종교 등 다양한 원인에서 비롯된다. 큰 논쟁거리가 아니라 해도, 모두가 자신이 어떤 현실(민족이나 국가, 사는 지역이나 가족 등)에 처해 있는지 잘 알고, 그 의미를 체감하며 산다. 분노와 공격성이 만연하고, 폭력과 전쟁은 자연스러운 일처럼 느껴진다. 스포츠 팀 간 경쟁 구도에서조차 이러한 경향이 드러난다. 이 모든 것은 우리의 성장 과정과 성인으로서의 관계 형성에 영향을 미치는 개인적·사회적 환경을 형성하며, 이 상황은 세대를 거쳐 이어진다.

이런 세상에 "자기의 백성을 그들의 죄에서 구원할"(마 1:21) 예수님이 오셨다. 예수님은 자기 백성이 "우리(예수님과 하나님 아버지)와 같이 그들도 하나가 되게"(요 17:11) 하시려고 이 땅에서 사셨고 사랑하셨다. 십자가의 죽음을 통해 예수님은 "원수 된 것, 곧 중간에 막힌 담을… 허시고" 한 새 사람을 지으셨다(엡 2:14). 이것이 바로 하나님 백성의 새로운 사회법칙이다.

그러나 현실은 예수님이 의도하셨던 방향으로만 전개되지는 않았다. 그리스도인을 포함해 모두가 기존의 구분을 유지하는 것을 당연하게 여기는 듯하다. 하나님의 백성답게 하나가 되기는커녕 완전히 분열돼 있다.

우리는 우리의 정체성을 실현하지 못하고 있다. 이런 분열의 모습은 아무렇지도 않게 농담에 등장하기도 하고("침례교인과 장로교인과 천주교인이 함께 술집에 들어갔다…"), 제법 친근하게 느껴지기까지 한다. 그러나 이것은 서로에 대한 경멸이나, 심한 경우에는 유혈 소동의 원인이 될 수도 있다.

하나님의 백성은 새로운 세상으로 구원받았고 사랑받고 있으며, 이 사실을 서로에게 드러내야 한다. "너희가 서로 사랑하면 이로써 모든 사람이 너희가 내 제자인 줄 알리라"(요 13:35). 이렇게 하기가 쉽다는 뜻이 아니다. 중요한 것은 이러한 삶을 살기 위해 노력하는 것이 어렵고 부담스럽지만 그 과정 가운데 우리를 변화시키는 하나님의 사랑을 구하며 믿음으로 이를 행해야 한다는 것이다. "너희가 만일 너희를 사랑하는 자만을 사랑하면 칭찬받을 것이 무엇이냐? 죄인들도 사랑하는 자는 사랑하느니라"(눅 6:32). 이는 우리 능력 밖의 일이며 훈련을 통해서만 배울 수 있다.

    누가 우리의 동역자가 될지는 예수님이 결정하신다. 신약성경에 기록된 증거들을 볼 때, 친한 사람들끼리 모일 가능성은 거의 없다. 우리가 경험하는 그리스도인 공동체가 다른 곳에도 있을 법한 모임이고 예수님과 상관없으며 자신을 넘어 새로운 공동체로 부름받은 증거가 없는 곳이라면, 우리는 하나님의 부르심을 제대로 듣고 이를 따르고 있는지 자문해 보아야 한다. 세례를 받은 새로운 인류는 자신의 부족함을 시인하고 예수님을 찾는 사람들의 다양하고 새로운 공동체가 되어야 한다고 신약성경은 말한다.

    우리는 깊은 교제에 많은 노력이 필요하다고 생각하기 때문에 삶이 평안할 때는 다른 사람들과의 연결 고리를 유지하는 데 안주한다. 소수의 사람과 아주 깊은 차원의 나눔을 추구하기보다 건조하고 얄팍한 관계를 선택하는 것이다.

    이런 경향은 소셜 미디어가 주도하는 세상에 최적화되어 있다. 우리가 좀더 근본적인 것에 대한 갈증을 느낄 수도 있지만, 현재 우리 사회에선 이런 접촉만으로도 일시적인 처방이 된다. 이는 깊은 교제처럼 자신의 시간과 에너지를 쏟거나 자신의 약점을 노출하는 번거로움이 없기 때문이다. 많은 사람들은 이러한 가상공간에서의 소통을 실제적인 만남처럼 여긴다. 이런 관계가 어느 정도의 친밀함을 유지시키기도 하며, 실제로 주변의 일에 변화를 일으키기도 한다. 그러나 이런 관계는 쉽게 맺을 수 있지만, 내키지 않거나 불편하면 바로

끊을 수 있으며, 그에 따른 큰 손해가 나지 않는다.

누군가의 주변에 있기만 하는 것은 그 사람을 제대로 알고 그에게 온전히 이해되기보다 훨씬 쉬운 일이다. 우리가 함께 울고 웃으며 동일한 공동체의 구성원으로 살고, 그리스도의 몸 안에서 지체가 되는 깊은 교제에는 단순한 연락이나 연결 고리보다 더 많은 것이 필요하다. 다른 사람의 삶에 뛰어들고, 서로의 이야기를 들어 주고, 각자가 가진 독특한 재능을 존중하고, 서로의 짐을 지는 것, 그것이 바로 공동체다.

연결 고리가 이러한 공동체적 삶의 표면일 수도 있지만, 공동체적 삶의 시작이 되는 경우도 있다. 실제로 깊은 교제는 보통 연결 고리 단계에서 시작해서 더 깊어지기 마련이다. 그러나 만약 연결 고리가 시작점이 아닌 종착점이라면, 발견할 수 있는 것보다 훨씬 적은 것만을 찾아내게 될 것이다.

교회가 이러한 관계의 패턴을 지닌 주류 문화를 따라가는 것은 우리의 소명을 포기하는 것과 같다. 대형 교회를 보면 교회 비즈니스라는 이미지가 떠오른다. 대형 교회가 좋은 일을 많이 하기는 하지만, 그런 교회 안에서 교제는 함께 살며 나누는 깊은 교제가 아니라 그저 '연결 고리를 유지'하는 것에 가깝다. 구성원 간의 진정한 교제가 아니라 형식이나 조직에 집착하는 작은 지역 교회의 경우도 마찬가지다.

우리는 누군가를 알기 원하고 누군가에게 이해받기 원하지만, 우리 문화는 정직하기보다 피상적인 것을 추구하고 약점을 드러내기보다 능력을 자랑하고 진정한 신뢰를 구하기보다 교묘히 감추라고 가르친다. 어느 세대에나 마찬가지지만, 이는 특히 청년층이나 그보다 어린 세대에게는 이제 통하지 않는다.

연결 고리를 추구하는 사회에서 우리는 끈끈한 인간관계보다 멀찍이 떨어진 곳에서 다양성을 경험하는 데 가치를 부여한다. 자신과 다른 사람들과 실제로 우정을 쌓는 것보다 다양성을 인정하는 관념 그 자체를 선호한다. 우리는 인류를 사랑한다. 다만 사람을 좋아하지 않을 뿐이다.

우리 부부가 사는 로스앤젤레스에는 정말 다양한 문화권에서 온 사람들이 살고 있다. 그러나 타문화권에서 온 사람과 좋은 친구 관계를 맺고 있느냐는 질문에 그렇다고 대답하는 사람은 매우 드물다. 우리는 다양성과 가까이 있지만 다양성을 친밀하게 경험하지는 못한 채 살고 있다.

여기에는 많은 요인이 있고 그중 일부는 앞에서 설명했다. 요점은, 우리는 우리와 문화적으로나 성장 배경이나 성격 등이 다른 누군가와 얽혀 삶의 위험성과 기쁨을 경험하기보다 벽을 쌓고 그 안에 머물러 있으려 한다는 것이다.

하나님의 백성이 보여 주어야 할 본질적인 특성은 모두를 놀라게 할 사랑이다. 이는 선입견이나 인종 및 계층 같은 구분에 의해서는 설명되지 않는, 상호적인 이해관계에서 얻어진 것이 아닌, 모든 구분을 넘어선 진정한 관심과 사랑이다. 사회적 차이가 전혀 존재하지 않는 것처럼 '살색 구별 없는' 사회에서 살 수 있다거나, 그렇게 사는 척하는 것이 아니다. 이는 따뜻하고 겸손한 현실주의가 아니라 이상주의에 불과하다. 사랑을 낭만적으로 바라보는 것은 우리의 주인이신 예수님이 보여 주고, 우리에게 실천하라고 하신 성육신적 사랑이 아니다.

교회가 세례만 받았을 뿐 제자 아닌 이들의 모습과 다를 바 없는 사람들의 모임이라면, 우리는 거듭남으로 얻은 새 삶을 보여 주는 사랑을 실천하지 못하는 것이다. 이런 현실에 대한 자각 없이 다양성에 대해 이야기하는 것은 번지르르한 훈계에 불과하다. 우리는 우리의 소명을 살아 내라고 부름받았다.

복음은 나의 세계를 확장시킴으로써 내 삶에 중요한 변화를 가져왔다. 백여 개 국가에서 온 학생들이 모인 풀러 신학교에서 공부하면서, 수십 년 동안 국제적인 사역에 참여하면서, 내가 살았던 다양한 지역의 목회자 및 지도자들과 쌓았던 친밀한 우정을 통해 나의 세계는 성장했고 변화됐다. 나와는 전혀 다른 자신의 삶과 세계를 나에게 정직하게 보여 준 사람들을 알게 된 것이 가장 중요했다. 이웃을 보는 새로운 눈을 뜨게 하고 더 큰 사랑을 경험하게 한 이들과의 우정 덕분에 나는 완전히 변화됐다.

우리는 무엇을 하라고 부름받았는가

지금까지 하나님의 뜻을 구하고 자신의 삶에 대한 하나님의 부르심을 듣고자 노력하는 사람들과 많은 대화를 나눴다. 생각이 깊고 노력하는 제자들에게 이러한 탐색은 자연스럽고 당연하게 보인다. 아무 계획 없이 대학 졸업을 앞두고 있을 때 같은 절박함 속에서나, 이직이나 중대한 결정을 내려야 할 때 같은 변화의 시기에나, 아픈 부모나 자식을 돌볼 때나, 누군가의 죽음으로 슬퍼할 때 같은 깊은 고통 가운데서 우리는 하나님의 뜻을 찾는다. 그러나 무엇을 구하는지, 어떤 목적으로 구하는지 확실히 해야 한다. '일차적인 부르심'과 '이차적인 부르심'을 구분하는 것은 이런 이유에서 유용하다.

일차적인 부르심. 우리가 구하는 것이 하나님의 뜻과 우리 삶을 향한 부르심이라면 가장 중요한 부분은 이미 성경에, 특히 예수님의 말씀에 모두 나와 있다. 이는 예수님을 따르는 자들이 당연히 지켜야 할 일차적인 것이며 인격과 신앙, 순종과 영향력, 우선순위에 관한 문제다. 하나님은 우리가 먼저 하나님을 사랑하고, 우리 이웃을 사랑하며, 성령님의 힘으로 우리 삶에서 "사랑과 희락과 화평과 오래 참음과 자비와 양선과 충성과 온유와 절제"(갈 5:22-23), 곧 성령의 열매를 맺도록 부르셨다.

우리는 성령님의 특별한 인도하심이 없더라도, 염려하거나 걱정할 것 없이 온전한 확신을 가지고 이러한 일차적인 것을 우리의 제일 되는 소명으로 날마다 추구하면 된다. 이에 대해서는 나중에 좀더 자세히 다루겠다.

이차적인 부르심. 하나님은 때로 일차적인 부르심 너머의 이차적인 부르심을 계획하고 계신다. 우리 소명의 이차적인 부르심은 일차적인 부르심을 전제로 하고, 직장이나 사역, 우정이나 결혼, 봉사나 후원 활동, 상상이나 분석과 같은 특정한 상황으로 옮겨 간다. 이는 직장의 형태가 될 수도, 봉사 활동의 형태가 될 수도 있다(실제로 직장인 경우가 많다). 우리의 은사와 재능, 교육, 기회, 열정 및 그 이상의 것들이 어우러져 우리가 깊이 보람을 느낄 만한 직업이나 봉사 활동으로 이끈다.

이 둘은 모두 중요하고 서로 떼어 놓을 수 없지만, 이차적인 부르심은 일차적인 부르심이 아니며 일차적인 부르심도 이차적인 부르심이 될 수 없다. 바빌론에 끌려간 다니엘과 그의 친구들 이야기가 좋은 예다. 그들에게 일차적인 부르심은 자신이 느부갓네살의 궁에 살고 있지만 여호와께 속한 존재라는 사실이었다. 그 결과 풀무불에 뛰어드는 부르심을 두려워하지 않을 정도의 명확한 비전과 결단력을 갖게 되었고 이차적인 부르심을 수행할 수 있었다(단 3장).

지금은 일차적인 부르심이 가장 중요하다는 것을 명확히 하고 싶다. 그러나 우리는 이차적인 것을 먼저 이루고픈 유혹을 받는다. 이는 우리를 옭아매는 전형적인 덫이며, 정말 중요한 것에 중점을 두지 못하게 만든다. 그래서 일터에 가서는 우리가 누구인지, 우리 삶의 진정한 목적이 무엇인지, 어떻게 사랑하고 섬길지 잊어버리거나 무시한다. 우리 활동의 하위 문화에 흡수되어 버리고, 우리가 정의하고 만들어야 하는 현실이 우리를 정의하고 만들어 가게 하는 사태에 이른다.

우리는 **이차적인 부르심**을 실행하면서 **일차적인 부르심**을 추구하고 발전시켜야 한다. 일차적인 부르심과 이차적인 부르심은 다르다는 점을 기억하면서, 이 둘을 동시에 감당하는 것이다. 성경 속의 하나님은 이차적인 부르심(우리의 일상적인 일과가 무엇인지)보다 일차적인 부르심(우리가 하나님과 이웃을 사랑하며 사는지)에 훨씬 더 관심이 있으시다. 이와 더불어 우리가 매일 주어진 업무와 관계를 통해 하나님과 이웃을 사랑해야 한다는 사실 또한 명확하다. 우리에게는 이곳이 바로 그리스도인들이 제자로 사는 삶의 기쁨과 어려움을 경험하는 장소다. 우리는 예수님을 따르는 놀라운 소명(일차적인 부르심)을 일상의 평범한 행위(이차적인 부르심)를 통해 실천해 나간다.

이끄는 자로 부름받다

이끌다 또는 **리더십** 같은 단어를 들으면, 어떤 사람들은 앞으로 나서고, 또 어떤 사람들은 뒤로 물러난다. 양쪽 모두 리더십의 한 형태일 수 있다. 참된 제자가 되려면 어떤 의미로는 그 삶과 언행으로 다른 사람들에게 영향을 끼치는 사람, 즉 리더가 되어야 한다. 예수님을 따르는 리더는 어느 곳에서나 필요하다.

세계적으로 리더들은 위기에 빠져 있다. 엄청난 지역적·세계적 변화의 시대에, 깨어 있는 리더라면 누구나 상황이 예전 같지 않으며 앞으로도 우리가 상상해 오던 모습과 같지 않을 것임을 안다. 그러나 앞으로의 상황은 리더십에 의해 결정될 것이다. 대부분의 리더들이 이런 시대에서 어디로 가야 하는지, 어떻게 이끌어야 하는지 거의 알지 못하는 문제지만.

변화의 속도와 범위가 증가하고, 소셜 미디어는 불확실한 영향을 미치고, 과학기술이 쉴 새 없이 발전하고 사라지는 가운데 많은 이들은 절망하고 있다. 거기에 전 세계 많은 사람들의 일상생활을 불가능하게 하는 불의와 빈곤과 폭력이라는 고질적인 문제들까지. 도저히 감당할 수 없는 상황인 듯하다. 본능적으로 "뭐라도 좀 해 봐!"라는 외침이 터져 나온다. 그렇지만 어떻게? 어떤 방법으로? 어디까지? 이러한 질문들에는 속 시원한 답을 하지 못한다.

그렇기 때문에 리더가 필요하다. 오늘날 리더십은 더 이상 어떤 공식적인 직책이라 여겨지기보다는 공동의 목표를 성취하기 위해 다른 사람들의 참여를 이끌어 내는 비전과 열정을 가진 개인의 능력을 말한다. 이런 리더들은 우리 삶의 모든 영역에서 필요하다. 이들에게 완벽한 해결책이 있는 것은 아니지만 이들에게는 해결책을 찾고 만들어 가는 데 다른 사람들이 참여하게 하는 능력이 있다. 그런 이는 어떤 직위나 직책이 있는 사람일 수도 있고, 그냥 영향력 있는 사람일 수도 있다.

우리가 스스로를 리더로 여길 수도, 그렇지 않을 수도 있다. 어떤 직책이나 역할이 우리가 리더인지 아닌지를 판별해 주지 못할 것이다. 그러나 이 책을 읽고 있는 여러분에게는 우리를 둘러싼 세상에 영향을 끼칠 기회와 능력, 그리고 그리스도인으로서의 책임이 있다. 리더십의 부재는 '그들'에게만 해당하는 말이 아니라 우리 모두에게 해당하는 말이기 때문이다.

비전 있는 리더는 단순히 희망을 품은 사람과는 다르다. 희망을 말하는 사람들은 많지만 비전을 품은 사람은 드물다. 비전은 희망에 헌신과 에너지를 더해야 하기 때문이다. 망명지의 교회는 하나님의 은혜와 예수님의 사랑에 기반한 비전을 품은 사람, 열정적으로 사회에 참여하는 사람, 동역자들을 불러 모으는 사람, 변혁적인 리더십을 보여 줄 준비가 된 사람이 필요하다.

비전 있는 사람들의 영향력은 조직적인 계획을 통해서 나타나기도 하며, 개인이 주도하는 활동을 통해 나타나기도 한다. 동네 학교를 변화시키기 위해 부모들과 선생님들이 뭉칠 때, 투병 중인 친구를 위해 사람들을 모아 그 치료 과정을 응원할 때, 어떤 용기 있는 리더가 도시의 인종차별 문제를 개선하기 위해 선의와 관심을 가진 사람들을 불러 모을 때, 어떤 사람이 인신매매나 폭력의 심각성을 깨닫고 변화를 위해 참여를 촉구할 때 리더십은 드러난다. 이러한 역할은 딱히 직책이 있는 건 아니지만 리더십을 포함한다.

망명지에 있음을 인식하는 교회는 스스로가 아무 힘이 없으며 변화를 가져오거나 영향을 미칠 능력을 상실했다고 생각하기 쉽다. 그렇지 않다! 실제로 성경에는 망명지의 리더들이 망명지에서만 할 수 있는 일을 해내는 모습이 나타난다.

앞서 말했던 구약성경의 다니엘과 그의 친구들은 느부갓네살의 궁에서 특혜를 받은 망명자들로 묘사된다. 이는 정복자들이 피정복자들에게 사용하는 전형적인 동화정책이다. 그러나 다니엘과 친구들은 스스로의 생존이나 이득을 위해서가 아니라 자신들의 경쟁자들과 압제자들을 위해 자신들이 리더로서의 준비가 됐음을 거듭 보여 준다.

다니엘과 친구들은 리더가 되어 변화를 이끌어 냈다. 변화시키시는 하나님의 능력에 대한 희망과, 다른 이들을 섬기고 관계 맺고자 했던 그들의 헌신이 합해진 결과였다. 이들은 식사 때마다 여호와의 자녀라는 자기 정체성을 확인하고 실행했다(단 1장). 스스로뿐 아니라 자신들의 적대자들을 위해 자신들이 직면한 고난에 맞서 뛰어들었다(단 2장). 권력으로부터 스스로를 깨끗이 지켰으며, 분노에 찬 느부갓네살의 함정에 걸려들지 않았다. 느부갓네살의 요구는 자신들의 능력 밖이었지만, 그들은 하나님의 전능하심을 믿었다. 함께 서서 기도하며 하나님의 응답을 구했다.

하나님께 받은 응답은 느부갓네살에게 나쁘고 두려운 소식이었다. 그러나 이들은 무조건적인 담대함으로 이 소식을 왕에게 전했다. 그 꿈은 왕의 강력한 왕국이 무너질 것이라는 의미였고, 느부갓네살은 이를 (좋은 의미의) 인상적인 소식으로 받아들였다. 그가 생각했던 바를 확신시켜 주었기 때문이다(단 2장). 이 네 망명자들은 세상에서 가장 힘 있는 왕으로 하여금 자신의 권세가 곧 끝날 것임을 보도록, 통치자를 세우시는 이도 넘어뜨리시는 이도 하나님이심을 듣도록 이끌었다. 우상에게 절하지 않으면 풀무불에 던져 버리겠다고 위협했던 왕의 분노로는 이들을 조종할 수 없었다. 이들의 삶은 어디에도 얽매이지 않았으며 자유했다. "느부갓네살이여, 우리가 이 일에 대하여 왕에게 대답할 필요가 없나이다"(단 3:16). 죽든지 살든지 그들이 거짓 신상 앞에 엎드려 그를 경배하지는 않았을 것이다. 느부갓네살에게는 권력이 있었지만 이들에게는 리더십이 있었다.

성경에서 이러한 리더십을 가장 잘 보여 주는 사람은 물론 예수님이다. 예수님은 확실히 망명지의 리더였다. 소외된 사람들과 함께 사셨던 예수님은 위상이나 직책이 없었지만 확실한 리더였고, 예수님의 희망적인 천국 비전은 새로운 피조물을 향한 하나님의 공급하심을 추구하는 데 필요한 헌신과 믿음으로 이끌었다.

예수님의 영향력이 가져온 결과에 비길 만한 것은 아무것도 없다. 예수님을 따르는 이들은 차치하고, 이스라엘이 힘도 권위도 없이 희망을 잃은 망명자라고 느끼고 있었을 때 일어난 일이었다. 예수님은 상실감으로 가득한 현실 가운데 독특한 방법으로 새로운 현실을 만드시기 위해 십자가에 달리시고 그 이후에까지도 우리를 이끄셨다.

현실의 재정립은 그리스도인다운 리더십의 기본이다. 마태복음 28장은 부활하신 예수님이 (의심하지 않는 맹신자들이 아닌!) 믿는 동시에 의심을 품는 열한 명의 제자와 모이셨음을 분명히 보여 준다(마 28:16-17을 보라). 그리고 이 소수의 신자/의심자들에게 예수님은 다름 아닌 천국의 권세를 주셨다. 예수님은 제자들에게 가서 세례를 베풀고(새로운 정체성) 당신이 분부하신 모든 것을 가르치며(새로운 소명) 하나님 나라 삶을 이끄는 책임을 맡기셨고 "세상 끝 날까지" 그들과 함께 계시리라 약속하셨다(마 28:20).

이는 어디에서도 찾아볼 수 없는 가장 놀랍고 역동적인 비전이다. 교회의 모든 실패와 고민, 거짓과 깨어짐, 지루함과 산만함에도 불구하고, 예수님은 성령님을 통해 많은 위대한 것들을 성취하시기 위해 이 세상에서 교회를 사용하신다. 비록 교회는 여전히 놀랄 정도로 자주 넘어지지만, 세상을 바꾸기 위해 힘 없는 소수자들을 사용하시려는 하나님의 뜻과 신실하심은 여전하다.

이스라엘이 그랬던 것처럼, 교회도 힘을 갖기 위해서는 이겨야 하고 승리자가 되어야 한다고 생각한다. 콘스탄티누스 황제가 기독교를 로마제국의 국교로 공인한 4세기 이래, 서구 세계의 교회는 언제나 권력과 함께했다. 그러나 하나님에게는 하나님 나라를 이루시는 데 그런 권위나 권력이 필요 없다. 우리에게 새로운 정체성과 희망을 주시는 유일하신 분을 중심으로 소명의 삶을 살려는 열심만 있으면 된다.

그러므로 너희가 그리스도와 함께 다시 살리심을 받았으면 위의 것을 찾으라. 거기는 그리스도께서 하나님 우편에 앉아 계시느니라. 위의 것을 생각하고 땅의 것을 생각하지 말라. 이는 너희가 죽었고 너희 생명이 그리스도와 함께 하나님 안에 감추어졌음이라. 우리 생명이신 그리스도께서 나타나실 그때에 너희도 그와 함께 영광 중에 나타나리라.
(골 3:1-4)

지혜로운 리더

한 마디로 우리의 소명은 지혜로운 리더가 되는 것이다. 성경이 말하는 지혜는 다음과 같다.

> 하나님의 진리와 성품을
> 주어진 상황에서
> 살아 내는 것.

이 세 가지 요소가 만날 때 우리는 지혜를 갖게 되며, 이 중 하나라도 부족하면 어리석어진다. 우리의 소명은 변화하는 상황 속에서 하나님 나라를 구하고, 그것이 우리 삶의 실제적인 모습을 결정하게 하는 과정에서 발견될 수 있다. 약속의 땅에서 이를 실천하는 것과 망명지에서 이를 실천하는 것은 전혀 다른 이야기다. 이것들을 모두 실천하기만 하면, 우리는 다양한 방법으로 리더가 될 수 있다. 이러한 삶은 변화와 재창조의 원동력이기 때문이다.

  성경적인 지혜의 세 가지 측면은 서로 얽혀 있고 셋 중 하나라도 없어서는 안 된다. 하나님이 사랑하시는 공동체, 소명을 이루기 위한 노력, 하나님이 우리에게 주신 선물인 믿음과 소망과 사랑에 이 세 가지가 반영될 때 비로소 하나님 백성들이 빛과 소금의 역할을 할 수 있다. 그때부터 우리에게 빛나는 별과 같은 소명의 삶이 시작된다(빌 2:15).

  교회에 필요한 것은 기독교 왕국을 세울 목사가 아니다. 지금 교회에 간절히 필요한 것은 약속의 땅을 향한 자신의 꿈이 아닌 예수님을 따름으로써 망명지에서 번성하는 사람들이다.

실천하기

아홉 가지 성령의 열매(사랑, 희락, 화평, 오래 참음, 자비, 양선, 충성, 온유, 절제)를 모두 암기하라. 며칠 동안 이를 반복해서 암송하고 당신의 기도 생활에 포함시키라. 성령의 열매 중 어떤 부분이 삶에 가장 잘 드러나는지, 어떤 부분이 부족한지 생각해 보라.

- 더 온전히 실천해야겠다고 느끼는 성령의 열매를 하나 고르라.
- 선택한 열매의 특성을 상기시킬 방법을 만들고, 삶에서 이 열매가 자

라게 하라. 다음과 같은 방법을 사용할 수 있다.
- 지갑이나 가방에 그 열매를 생각나게 하는 물건 가지고 다니기
- 규칙적으로 울리는 알람을 설정하거나 달력에 표시하기
- 거울이나 냉장고, 자동차, 또는 다른 장소에 메모 붙여 두기
- 노래(찬양) 한 곡을 골라 매일 아침과 저녁, 혹은 등하굣길이나 출퇴근길에 듣기
• 당신의 성장을 확인할 수 있는 신호에 주의를 기울이라. 믿을 수 있는 친구나 동료를 초대해 도움이 될 만한 의견을 구하라.

7. 사랑의 여정

어느 날 한 남자가 목양실에 찾아왔다. 장황하게 이야기를 늘어놓았지만 핵심은 이랬다. "저는 아주 성공적인 삶을 살고 있고, 굉장히 바쁜 사람입니다. 이런 데 시간을 쓸 여유가 없긴 하지만, 5분 정도만 이야기를 할 수 있을까요?"

"물론이죠." 내가 말했다.

그가 말을 이었다. "아내가 이 교회에 다니고 있습니다. 요즘 저녁 식사 때마다 예수님 이야기를 하는데, 저는 예수님에 대해서 아는 게 하나도 없거든요. 중요한 사항 몇 가지만 요점 정리를 해주셨으면 해서 들렀습니다."

"이런, 제가 도움이 될지 모르겠군요. 요점 정리는 제 특기가 아닌 데다가, 그렇게 정리해 드린다고 해도 예수님 이야기는 아마 당신의 삶에 상당한 영향을 끼치게 될 겁니다. 권력이나 성공, 돈, 결혼, 가정

등 삶의 모든 것을 다른 시각으로 보시게 될 테니까요."

"오, 그렇게까진 하고 싶지 않은데요. 저는 그냥 예수님에 대해 몇 가지 요점만 알고 싶은 겁니다."

나는 "식사 시간에 차라리 다른 이야기를 하시는 건 어떨까요?"라고 제안했다.

예수님을 따르는 것은 삶의 전부를 변화시킨다. 이는 가장 중요한 것, 곧 바쁜 일상에서 가장 쉽게 간과되는 것에서부터 시작한다.

가장 중요한 것

우리의 소명을 회복하는 첫걸음은 가장 중요한 것이 무엇인지 아는 것이다. 그중에서도 제일가는 것은 예수 그리스도 안에 있는 하나님의 사랑이다. 그 누구도, 그 어떤 것도 이와 비교되거나 이를 넘어설 수 없다. 성경은 우리가 누구인지, 우리 삶이 왜 중요한지 알고 싶다면 우리를 온전히 아시고 사랑하시는 우리의 창조주를 알라고 조언한다.

이러한 이유로 그리스도인들은 예수님 안에서 믿음으로 나아오는 것이 중요하다고 생각한다. '천국 무료 입장권'을 나눠 주기 때문이 아니다. 이는 예수 그리스도 안에 있는 하나님의 사랑을 통해 스스로를 알라는 초대이자, 당신이 자신의 정체성을 정의하는 방법을 변화시키고 그로 인해 당신의 현재와 영생의 삶을 변화시킬 선물이기 때문이

다. 자신을 아는 것과 하나님을 아는 것은 떼려야 뗄 수 없는 관계다.[1]

자신의 장점이나 단점, 선호도나 꿈을 기준으로 소명을 이해하면 자기 자신과 자신의 욕망을 궁극적인 척도로 삼음으로써 과욕을 부리게 되거나, 우리가 어떤 사람인지를 하나님이 아닌 자기 스스로나 다른 사람이 결정하게 함으로써 우리 능력에 훨씬 못 미치게 될 가능성이 높다. 둘 중 어느 쪽도 좋은 결과를 가져오지 않으며 우리를 진리로 이끌지 못한다.

우리는 중요한 존재이며 우리의 소명도 중요하다. 하나님은 우리를 시험에 들게 하기 위해서가 아니라 당신의 기쁨과 만족을 위해 만드셨기 때문이다. 그분의 사랑만이 우리를 번성하게 한다. 이러한 이해를 바탕으로 우리는 "나의 모태에서 나를 만드[신]" 분에 의해 "기묘[하고 경이롭게 지어진]" 스스로의 모습을 볼 수 있다(시 139:13-14). 우리의 소명에는 노력과 희생이 따르며, 이는 그 자체로 의미 있고 가치 있는 일이다. 그러나 우리가 하나님이 보시기에 "아주 좋[은]" 존재인 이유는 하나님의 형상을 띠고 있기 때문이다. 생육하고 번성하기(창 1:28) 때문이 아니라, 그저 우리가 우리이기 때문에.

우리의 첫째가는 소명은 사랑받는 이가 되는 것이다. 값없이 주어진 하나님의 사랑의 능력이 이를 가능하게 한다. 우리는 사랑받는 이로, 소중한 존재로 살아간다. 이 소명은 순전한 선물이다. 어떤 상황에서 태어났든지, 우리의 삶은 하나님의 사랑으로 인(印) 친 소중한 선물이다. 이것이 바로 사랑받는 존재로 살아가는 소명이다. 사랑받는 존재로 살며, 우리가 사는 날 동안 이러한 사실이 우리를 규정하고 붙들게 하는 것은 가장 중요한 소명을 실천하며 사는 것이다.

어떤 이는 하나님에게 사랑받는 것이 날 때부터 당연하게 여겨지는 환경에서 성장한다. 사리분별을 못 할 만큼 어릴 때부터 하나님과 가족에게 소중한 존재라는 사실을 알게 되었을 수도 있다.

당신의 삶에서 이러한 메시지가 거듭 확인되고 실현되었다면, 당신은 다행인 축에 속한다. 많은 사람들에게 가족이나 하나님은 이런 존재가 아니며 이들은 자신이 사랑받을 것이라는 기대도 하지 않는다. 무관심이나 중독, 학대의 경험은 삶을 왜곡시킨다. 그러나 "긍휼이 풍성하신 하나님"(엡 2:4)은 또 다른 계획을 갖고 계시며, 우리를 새로운 삶으로 초대하신다.

우리가 사랑받는 존재라는 확신은 어떤 자애롭고 추상적인 신에 대한 믿음이 아니라 하나님이 실제로 돌보신다는 신뢰에서 온다. 이것이 이스라엘의 확고한 희망이었다. "야곱아, 너를 창조하신 여호와께서 지금 말씀하시느니라. 이스라엘아, 너를 지으신 이가 말씀하시느니라. 너는 두려워하지 말라. 내가 너를 구속하였고 내가 너를 지명하여 불렀나니 너는 내 것이라"(사 43:1). 이러한 확신은 우리와 함께하시는 임마누엘의 하나님, 즉 예수님 안에서 현실이 되었다. "하나님이 세상을 이처럼 사랑하사 독생자를 주셨[고] 이는 그를 믿는 자마다 멸망하지 않고 영생을 얻게 하려 하[신 것]"(요 3:16)이라는 사실은 우리가 사랑받고 있다는 증거다.

우리는 바울의 충고를 살아 내야 한다.

너희 안에 이 마음을 품으라. 곧, 그리스도 예수의 마음이니,
그는 근본 하나님의 본체시나
하나님과 동등 됨을 취할 것으로 여기지 아니하시고
오히려 자기를 비워 종의 형체를 가지사 사람들과 같이 되셨고
사람의 모양으로 나타나사
자기를 낮추시고 죽기까지 복종하셨으니 곧 십자가에 죽으심이라.

이러므로 하나님이 그를 지극히 높여
모든 이름 위에 뛰어난 이름을 주사
하늘에 있는 자들과 땅에 있는 자들과 땅 아래에 있는 자들로
모든 무릎을 예수의 이름에 꿇게 하시고
모든 입으로 예수 그리스도를 주라 시인하여
하나님 아버지께 영광을 돌리게 하셨느니라. (빌 2:5-11)

우리에게 가장 중요한 소명은 무엇보다 이 관계를 회복하는 일이다. 이는 다른 모든 것들을 확장시키고 해방시킨다. 물을 먹이시고, 기르시고, 돌보시고, 가지 치시며, 목자가 되시고, 꼴을 먹이시고, 지키시고, 희생하시고, 구속하시는 하나님의 아들은 우리가 사랑받고 있다는 사실을 받아들이기를 간절히 원하신다.

수고하고 무거운 짐 진 자들아 다 내게로 오라. 내가 너희를 쉬게 하리라. 나는 마음이 온유하고 겸손하니, 나의 멍에를 메고 내게 배우라. 그리하면 너희 마음이 쉼을 얻으리니 이는 내 멍에는 쉽고 내 짐은 가벼움이라 하시니라. (마 11:28-30)

하나님의 사랑이 우리 소명의 시작과 끝이다.

함께 사랑받음

우리는 함께 사랑받기 위해 살아가고 있다. 다른 사람들과는 물론이며 특별히 주 안에서 한 가족 된 사람들과 함께해야 한다. 우리는 뜻밖의 사람들이 모인 공동체다. 우리는 성령님이 우리 안에 계심으로 하나님 나라를 보증받은 사람들이다. 이 모든 사실은 우리가 "한 새 사람"(엡 2:15)이라는 주님께 사랑받는 공동체를 이루는 바탕이 된다.

공동체가 공유하는 소명과 동떨어진 곳에서 **나의** 소명을 발견하기란 불가능하다. 그도 그럴 것이, 사랑에는 언제나 둘 이상의 존재가 필요하며, 고립된 상태에서는 누군가에게 사랑을 받는다는 명제 자체가 성립하지 않기 때문이다. 함께, 서로를 위해, 우리는 그리스도 안에서 사랑받고 있음을 발견하고 사랑받는 삶을 산다. 이것이 바로 교회의 참 의미다.

에클레시아, 곧 부름받은 이들의 일부가 된다는 것은 사랑받는 존재라는 정체성을 함께 연습하는 일이다. 우리는 이를 선포하고, 서로에게 상기시킨다. 함께 세례와 성찬을 준비하고 참여한다. 이 의식들을 통해 우리는 우리와 이 세상을 향한 하나님의 사랑이 지금까지도, 또 앞으로도 얼마나 분명하고 현실적인지 확인할 수 있다. 세례식은 사랑받는 자라는 우리의 정체성이 확고함을 선포한다. 이 확신은 흔들리지 않는다. 성찬은 우리가 '그를 기억하여' 계속해서 이를 행할 수 있게 해준다. 반복해서 이러한 사랑을 받고 나누어야 하기 때문이다. 그래서 우리는 다시 성찬의 자리에 나와 우리의 정체성과 존재 이유를 확인하고 나눈다.

사랑받고 있다는 느낌은 우리 손가락 사이로 빠져나가기도 하고, 우리 마음에서 떠나가기도 한다. 이렇게 쉽게 사라지기 때문에 우리는 사랑을 갈구하며 성찬의 자리에 나온다. 그러나 함께 모여 먹고 마실 때, 우리는 우리의 정체성을 확인하고 예수님의 사랑을 기억할 수 있다. 그렇게 함으로써 매일의 삶에서 가장 중요한 것 중심으로 살 수 있다. 직장이나 집에서 어떤 일을 하든, 우리가 사랑하고자 노력하는 이웃이 누구든, 어떤 아픔이나 필요를 느끼든, 우리는 예수 그리스도를 기억함으로써 우리 자신이 누구인지 기억한다. 우리의 소명이 사랑받는 공동체라는 것을 기억하며 성찬의 자리에 함께 나아오고 그 자리를 함께 떠난다.

물론 실천은 말보다 훨씬 어렵다. 그렇기 때문에 실천을 반복하는 것이 중요하다. 우리는 나약할 때나 기쁠 때, 사랑하거나 사랑받는 일이 익숙하지 않을 때, 희망으로 가득할 때나 깨지고 마음 상했을 때 성찬의 자리에 나아온다. 충만한 마음으로도, 빈손으로도, 서로에 대한 사랑으로도, 분열된 채 서로에 대한 분노 혹은 권태를 느끼며 나오기도 한다. 이렇게 나아올 때마다 리셋 버튼을 누르듯 우리는 다시 예수님의 말씀을 기억한다. "이것은 너희를 위하여 주는 내 몸이라. 너희가 이를 행하여 나를 기념하라.…이 잔은 내 피로 세우는 새 언약이니 곧 너희를 위하여 붓는 것이라"(눅 22:19-20).

다양한 사람들이 섞인 무리 안에서 성찬을 경험하는 경우도 있다. 피부색, 옷차림, 나이, 자세, 눈빛 등 모든 것이 서로 다른 사람들이 한 성찬 테이블에 함께 앉는 것은 우리가 만들 수도 지속할 수도 없는 충만한 교제로 이어진다. 성찬의 자리에 나아올 때 우리는 자리에 앉거나 무릎을 꿇고, 이 간단한 식사를 통해 모두를 향한 하나님의 은혜라는 선물을 받는다. 성찬의 자리에서 우리는 존재의 이유를 확인하고 해야 할 일들을 연습하는 것이다.

사랑받는 공동체에서의 삶은 온전히 치유되었다기보다 상처가 남아 있고 명확하다기보다 혼란스럽고 하나라기보다 분열된 경우가 더 많다. 그러나 이런 상태가 우리의 정체성과 소명이 가진 원래 모습이다. 우리는 사랑받는 존재로 살아가며, 동일한 정체성을 가진 사람들과 교제함으로써 그 의미를 새긴다. 이 교제를 통해 놀랍도록 선한 것들을 얻을 수 있다. 물론 상처를 받기도 한다. 예수님은 이것이 쉬운 멍에이며 가벼운 짐이 될 것이라 하셨지 모든 게 완벽해질 거라고 말씀하지 않았다(마 11:30). 결코 쉽지 않을 것이다. 그러나 그것이 옳은 일이기 때문에 우리는 해야만 한다.

교회에서 우리가 겪는 일들은 우리에게 복음이 필요함을 알게 해준다. 우리는 사랑받는 존재라는 사실을 마냥 좋아했을지 모른다. 이 사실이 다른 사람들에게도 동일하게 적용된다는 것을 깨닫기 전까지는 말이다. "인류는 사랑하지만 사람을 사랑하지는 않는다"는 말이 교회 때문에 생겼는지도 모르겠다. 어려운 과제들이 우리 눈앞에 놓여 있다. 교회나 공동체를 떠나겠다고 결정할 수도 있다. 그러나 새로운 환경과 새로운 공동체에서의 삶 속에서도 우리가 가진 것 이상을 내어놓으라는 부르심을 다시 듣게 될 것이다. 그러므로 우리 자신과 우리가 속한 공동체를 위해 우리가 사랑받는 존재라는 소명을 기억하고 연습해야 한다.

가장 중요한 것을 정할 수 있는 자유

우리가 지닌 가치관과 행동 사이에는 큰 차이가 있다. 우리는 어떤 것이 중요하다고 생각하면서도, 그것이 우리 인생에 큰 영향을 미치지 못하게 한다. 가족이나 친구를 가장 소중한 가치로 꼽을지 모르지만, 우리가 시간을 어떻게 사용하는지 살펴보면 꼭 그런 것 같지도 않다.

정의를 실현하는 문제가 가장 중요하다고 목소리를 높이면서도 정작 세상을 변화시키는 데 우리가 갖고 있는 자원을 사용하는 데는 무관심하다. 우리는 우리 안에 있는 모순을 잘 알고 있다. 열다섯 번째나 서른세 번째 정도로 중요한 것들에 정신을 빼앗겨, 가장 중요한 것들을 놓쳐 버리는 것이다.

우리에게 필요한 것은 가장 중요한 것을 정할 수 있는 자유다. 우리가 사랑받는 자라는 정체성에 걸맞게 살고 다른 사람과 더불어서도 그렇게 살 수 있다면, 우리는 비로소 우리가 확신하는 가치대로 살아갈 수 있다. 중요도를 설정할 수 있는 자유는 우리가 소명을 살아가는 데에도 중요한 요소다. 우리가 일의 중요도를 설정하는 이유는 헌신을 짜내기 위해서가 아니며, 우리가 중요하게 여기는 것들을 반영함으로써 모든 것을 재구축하기 위해서다.

그러기 위해서는 자유가 필요하다. 이스라엘이 바빌론의 포로가 되고 다니엘을 비롯해 우수한 청년들이 느부갓네살의 궁으로 끌려갔을 때, 그들은 중요하게 생각했던 모든 것을 빼앗겼다. 제국이 이들에게 새로운 이름과 언어를 가지고 살도록 한 것은 그들을 제국의 문화에 융화시키려는 목적에서였다. 그러나 다니엘과 그의 친구들은 한 가지 매우 중요한 일을 했다. 그들의 식단과 관련해서 이스라엘의 율법을 지킬 수 있는 자유를 달라고 요청한 것이다. 이들은 밥을 먹을 때마다 가장 중요한 것이 무엇인지 기억하고, 이를 그들의 삶의 중심에 두었다. 비록 느부갓네살의 궁에 살고 있을지언정 그들의 주인은 여호와였다(단 1-3장). 이는 모든 것을 변화시키는 아주 중요한 한 걸음이었다. 이 한 걸음은 그들의 뒷이야기 전체에 영향을 준다.

로마서에 적힌 사도 바울의 권고에도 이와 동일한 원리가 숨어 있다. "그러므로 형제들아 내가 하나님의 모든 자비하심으로 너희를 권하노니, 너희 몸을 하나님이 기뻐하시는 거룩한 산 제물로 드리라. 이는 너희가 드릴 영적 예배니라"(롬 12:1). 가장 중요한 것이 우리 삶의 가장 중요한 자리를 차지하면 나머지도 제자리를 찾기 시작한다. 우리가 만들어진 이유, 곧 소명을 실천하는 삶을 살게 되는 것이다.

아우구스티누스는 죄를 "우선순위가 잘못된 사랑"이라 했다. 우리는 본래 하나님을 가장 사랑하도록 만들어졌지만, 우리 스스로를 사랑함으로 이를 충족시키려 한다. 하지만 만족할 줄 모르는 우리는 결국 자기 몰두라는 수렁에 빠진다. 그러나 하나님의 은혜가 주는 자유 가운데 살면, 우리는 소명을 감당하기 시작한다. 우리는 하나님의 사랑을 최우선으로 하여 살도록 만들어진 존재다. 그렇게 되면, 더 많이 사랑하고 더 풍성히 살 수 있는 능력으로 삶의 다른 부분들까지도 제자리를 찾을 가능성이 훨씬 높다.

예수님은 가장 중요한 것을 최우선에 두는 삶을 거듭해서 보여 주셨다. 율법주의라는 형식이 아니라 자유와 명확함의 표현으로 그리하셨다. 산상수훈의 말씀을 따라 산다는 것은 재정리된 삶을 산다는 것이다. 산상수훈을 들으면 우리는 권력과 투쟁의 관계를 전혀 다르게 바라보게 된다. 성내기보다는 이해하는 법을 알게 된다. 우리가 하는 말이 생각 이상으로 중요함을 깨닫고, 우리의 내적인 삶과 외적인 삶이 일치되어야 함을 배운다. 우리를 사랑하는 이들뿐 아니라 원수까지도 사랑하는, 진정한 사랑의 의미를 재고하게 된다. 가장 중요한 것에 가장 중요한 자리를 내줄 때 우리는 완전히 다른 삶을 살게 된다.

예수님이 그러셨던 것처럼 산에서 내려와 불쌍한 나병환자나 확신에 찬 박해자를 만날 때, 그들을 전적으로 다른 이가 아닌 이웃으로 보고 사랑할 기회를 갖게 된다. 이는 예수님이 깊은 사랑으로 하셨던 많은 일들을 실천하면서, 하나님의 백성으로서 우리 소명의 근본적이고 파격적인 삶의 형태를 취함을 뜻한다.

비로소 우리는 우리가 따르는 분과 닮은 모습이 된다.

가장 중요한 것이 구석구석 스며들도록

사랑받는 자로, 그리고 예수님을 따르는 자로 살아간다는 것은 우리가 하는 모든 일이 구석구석 퍼져야 한다는 뜻이다. 이것이 바로 우리가 살아야 할 삶의 모습이다. 이는 마음과 정신과 능력, 곧 우리 삶의 모든 차원에서 일어날 수 있으며, 일어나야만 한다. 이런 삶을 통해 영향력이 세계 곳곳으로 퍼져 나갈 수 있고, 또 그래야만 한다. 모든 종류의 문화적 환경과 직장에서 드러나야 한다. 지역사회에서, 학교에서, 미술관에서, 울타리 너머에서, 온라인상에서, 승용차를 나눠 타는 중에도 나타난다면 일상 가운데 예수님의 삶을 살고 있는 것이다.

진정한 제자가 되면 우리는 여러 모습으로 분열된 삶에서 벗어날 수 있다. 우리는 거룩한 것과 세속적인 것, 사적인 것과 공적인 것, 이상과 현실이 분리된 조각난 삶에서 온전히 통합된 삶을 살 수 있게 부름받았다.

물론 대체로 우리는 통합된 삶보다는 분리된 삶을 선호하는 경향이 있다. 분리된 삶은 서로 상충하고 모순되는 우리의 본능과 욕망이 숨을 공간을 우리에게 제공한다. 이것이 우리가 우리 안의 여러 자아들을 다루는 방법이다. 이는 손실이 두려워서 분산 투자하는 것처럼 삶에 접근하는 방식이다. 매력적으로 보이지만 궁극적으로 실망스러울 수밖에 없다. 제대로 된 식사를 하기보다 간식거리로 끼니를 때우겠다는 삶의 태도다.

삶의 모순된 조각들은 제자의 삶을 진실하지 못하게 만든다. 예수님의 제자가 된다는 것이 편리할 때는 켰다가 희생이 필요할 때는 꺼버리는 스위치 같은 것이라면, 믿음은 삶의 변두리로 밀려날 수밖에 없다. 우리 자신뿐 아니라 주위 사람들도 강하고 건강하게 느껴졌던 삶이 갑자기 희미해지거나 무너져 내림을 느낄 것이다. 우리의 일관성 없는 모습은 신앙이 영적인 사기에 지나지 않을 것이라 생각하는 사람들이 자신의 생각이 옳음을 확신하는 근거가 될 수 있다.

완벽하지 않으면 삶은 아무 의미가 없다는 이야기가 아니다. 완전히 통합되고 온전히 인간적인 삶을 산 사람은 당연히 예수님 한 분뿐이다. 예수님을 따르기 위해 한 길 가는 소명의 삶은 우리를 겸손하고 생명 넘치는 신앙과 정직과 희망의 삶으로 이끈다.

마이크는 4대째 오순절 교회에 다니는 가정에서 자랐다. 그 가정의 뿌리는 아주사 부흥운동, 나아가 아프리카까지 거슬러 올라간다. 대학 교육을 받은 부모님과 함께 노동자 계층으로 자란 그는 도심의 흑인 동네에서 성장했고, 고등학교까지는 대부분의 학생이 백인인 사립 기독교 학교에 다녔다.

인종 문제는 그의 삶이 변화된 이유 중 하나였지만 정말 큰 변화는 1999년 3월 9일에 시작됐다. 당시 마이크는 청소년을 대상으로 목회를 하고 있었고, 그가 다니던 신학교에서 집으로 돌아가던 길이었다. 명확한 이유도 없이 경찰이 그를 불러 세웠는데, 그 이후에 마이크에게 일어난 일은 그의 삶을 완전히 뒤흔들어 놓았다. 경찰은 마이크의 돈을 빼앗고, 수갑을 채운 뒤 그를 폭행했다. 이후 경찰은 모든 사실을 부인했고, 마이크와 그의 가까운 가족 및 친구들은 이 일로 큰 상처를 받았다.

마이크는 영적으로나 감정적으로 이 사건을 받아들이는 법을 배워야 했다. 삶의 기로에 서 있음을 느낀 그는 이 충격적인 경험과 고통이 왜 일어났는지 그 이유를 알아야만 했다. 마이크는 자신이 흑인이자 오순절 교회의 일원이라는 사실을 잘 알았고, 이런 견고한 인식 덕분에 그는 회복과 치유를 경험했다. 이러한 모든 경험을 통해 그는 소명에 초점을 맞추기 시작했다. 그는 자신이 이처럼 심각한 인종 차별에 저항하는 그리스도인으로서 살도록 부름받았음을 깨달았다. 이것이 그에게 가장 중요한 소명이라고, 이런 현실 가운데 예수님의 제자로 살아야 하는 다른 흑인 오순절 교인들을 섬기는 목회자로 살도록 부름받았다고 느꼈다. 이제 그의 삶의 궤도가 정해졌다. 예수님의 제자로 살라는 부르심이 가장 먼저였고 가장 중요한 것이었다. 그는 자신의 경험이 자신의 공동체와 더 큰 사회 속에서 퍼져나가게 했다. 마이크는 오늘도 그 여정을 계속하고 있다.

예수님의 제자라는 우리의 소명을 받아들인다는 것은 그 소명이 우리의 생각과 행동 **양쪽 모두에** 스며들게 하는 것이다. 어느 한쪽만으로는 부족하다. 마찬가지로, 우리의 공적인 삶뿐 아니라 우리의 개인적인 삶도 소명으로 넘쳐 나야 한다. 이는 옷깃에 사랑의 열매를 달거나 어디의 회원으로 이름을 올리는 것처럼 이름 붙이는 행위로 가능한 것이 아니다. 우리 안에서 우리를 변화시키시는 성령님의 역사를 받아들일 때 가능한 일이다. 소명은 하나님이 하시는 깊고 심오한 일이 우리의 모든 것을 새롭게 하도록 우리 스스로를 여는 여정이다.

유년기 성장 단계를 쉽게 지나는 이는 많지 않다. 그러나 예수님의 제자라고 주장하는 사람들이 신앙의 성장 단계를 잘 넘기고 삶을 관통하는 믿음과 사랑의 단계에 들어가지 못한다면, 믿음에 문제가 있거나 그 사람에게 문제가 있거나 양쪽 모두에 문제가 있는 것이다. 교회에서 성장한 사람들이 교회 밖의 삶에서 더 성숙하거나 지혜롭지 않다면 그것은 큰 문제다. 교회에 다니지 않는 사람들이 교회의 이름난

지도자들조차 미성숙하고 삶에 일관성이 없다는 인상을 받으면, 이들은 교회 전체가 그렇다고 생각할 것이다.

교회에 속하지 않은 많은 사람들이 교회 지도자들보다 포용력 있고 사랑 넘치는 삶을 산다면, 소명을 실천하지 못하는 교회에 닥쳐올 결과는 뻔하다. "그리스도인들은 용서받긴 했지만 완벽하지 않습니다"라고 적힌 자동차 스티커를 인용하며 책임을 회피하려는 사람들도 있다. 그러나 이 말은 핵심에서 벗어났다. 사람들이 보는 것은 완벽함이 아니라 일관성이다. 자신의 학생들을 일관되게 사랑하는 좋은 선생님, 일관되게 정직하고 믿을 수 있는 사업가, 일관되게 성경 중심으로 설교하고 성도들의 샬롬을 구하는 목회자, 자녀에게 무엇이 가장 좋은지 일관성 있게 결정하는 부모, 일관되게 먼저 나서고 기억해 주는 친구를 세상은 바란다.

우리의 삶은 우리가 선포하는 복음으로 가득한가? 아니면 그렇지 못한가? 우리 삶에서 더 큰 사랑과 더 깊은 겸손과 더 큰 용기와 실질적인 희생의 증거가 나타나지 않는다면, 우리를 둘러싼 세상은 말할 것도 없이, 우리 스스로 신앙에 문제가 있다고 생각하게 될 것이다. 이것이 바로 많은 사람들을 혼란에 빠뜨리고 많은 이들의 기분을 상하게 하는, 오늘날 적나라하게 드러난 교회의 현실적인 문제다.

상충하는 기대들

예수님을 따라 사는 것은 누구에게도, 그 어느 때에도 쉬운 길은 아니다. 우리가 어떤 장소에 살면서 다른 곳에 살고 있다고 착각하고 있을 때는 더더욱 어려워진다. 이것이 바로 약속의 땅이라는 환상이 주는 유혹이다. 우리가 지금 망명지에서 살고 있다는 사실을 인식할 때 우리는 훨씬 더 현실적이며 건설적인 방법으로 우리의 소명을 포용하고 실천하며 살게 된다. 다른 상황이길 바랄 수도 있다. 그러나 우리 앞에 주어진 어려움의 특성을 이해할 때 우리는 훨씬 더 긍정적으로 살 수 있다. 타자, 차이, 원수는 우리의 성장과 뜻밖의 사랑을 실천하는 소명을 위해 하나님이 주신 선물, 즉 "새로운 표준"(new normal)이다.

우리에게 고난으로 다가오는 부분은 문제 자체보다 소명에 내재된 속성으로 보아야 한다. 기독교 신앙이 문화와의 유착 관계를 상실하면서 예수님을 따르고자 노력하는 사람들은 새로운 기대를 갖기 시작한다. 더 이상 교회는 지배적인 세상 문화와 동일하게 큰 목소리를 내려고 해서는 안 된다. 이런 일이 북미에서는 점점 더 많아질 것이다.

더불어, 우리의 목표는 기독교 왕국 자체를 회복하는 것이 아니다. 이와 가장 근접했던 것이 미국의 시민종교라 알려진 것인데, 이는 기껏해야 공공선과 정의를 세속적으로 추구한 것에 불과하며, 하나님 나라의 이상과는 거리가 멀다.

우리에게 필요한 것은 우리가 어디에 사는지, 하나님 나라를 위해 신실하게 산다는 것이 무엇인지 제대로 아는 소명을 회복하는 것이다.

실천하기

일주일 이상 열심히 실천할 수 있는 영적 훈련을 하나 선택하라. 이미 어떤 훈련을 하고 있다면, 이 기간 동안 어떤 새로운 훈련을 시도할지 생각한 후 고르라. 이 훈련을 '사랑받는 이'로서 당신의 소명 안에서 성장하는 기회로 삼으라.
- 도움이 될 만한 몇 가지 훈련을 소개한다.
  - 거룩한 독서(*lectio divina*), 의식성찰(*examen of consciousness*), 정해진 시간에 하는 기도 같은 전통적인 훈련법 하나 실천하기
  - 성경 본문이나 기도문 또는 신앙고백문을 일정한 시간 간격을 두고 반복해서 읽거나 암송하기
  - 매일 아침이나 저녁에 15분 동안 신앙 일기 쓰기
  - 매일 일정 시간 동안 당신의 집을 미디어 금식 지역으로 만들기
- 특히 도움이 되었거나 어려웠던 점은 무엇인가?
- 훈련을 지속할수록 수월해지는가? 아니면 더 어려워지는가?

- 이러한 훈련이 하나님의 사랑을 더 온전히 경험하는 데 도움이 되었는가? 그렇지 않았다면, 어떤 것을 더 시도해 볼 수 있겠는가?
- 장기적으로 지속할 수 있는 훈련에는 어떤 것이 있는가?

8. 지혜의 여정

모든 예수님의 제자들에게 언제나 공통적으로 필요한 것이 하나 있다면 그것은 바로 지혜다. 달리 말하면, 사람들의 삶에 천국의 변화를 가져오는 하나님의 비전이 현실화되는 과정을 이해하는 능력이 있어야 한다.

하나님의 지혜는 단순한 신학적 통찰만이 아니다. 지혜가 필요하다는 말이 상아탑 속에 틀어박힌 현인처럼 살아야 한다거나 반드시 더 많은 지식(특히 성경 지식)을 가져야 한다는 뜻이 아니기 때문이다.

목회자로 섬기던 시절 내가 만났던 모든 사람들과 마찬가지로 나에게도 진정한 지혜가 필요했다. 교인들을 심방하면서 삶에 닥친 고난을 이겨 낼 능력이 고갈될 때나 중요한 결정을 내려야 하는 순간에 우리는 지혜를 간절히 바랐다. 병원의 침상에서, 특히 심각한 질병으로 고통받을 때는 더욱 절실히 지혜를 구했다. 경제적인 문제에 부딪치거나 직장을 찾고 있을 때, 교회의 일을 할 때도 지혜가 간절했다. 길을 걷다가 삶의 복잡한 문제들에 압도되는 느낌을 받을 때 역시 그랬다.

예수님의 제자라면 하나님의 지혜가 자신의 말과 행동을 결정함으로써 다른 사람들이 듣고 행하는 바에도 영향을 주기를 기대한다. 물론 하나님의 지혜는 우리 삶의 의미를 강화하고 우리의 소명을 확장함으로써 일을 복잡하게 만들기도 한다. 하나님이 정말로 말씀하고 계시고 우리가 이를 제대로 듣고 있다면 삶은 본래 하나님이 의도하셨던 모습에 더 가깝겠지만, 확신하건대 그렇다고 삶이 더 수월해지지는 않을 것이다.

지혜의 귀환

우리가 구하는 것에 지혜라는 이름을 붙이는 것이 적절한지 모르겠지만, 우리는 본능적으로 현실적이고 능동적이며 상황에 맞는 무언가를 찾는다. 이와 관련해 도움이 될 만한 몇 가지를 다음과 같이 정리해 보았다.

- 지혜는 주어진 상황에서 삶을 통해 드러나는 하나님의 진리와 성품이다. 예수님은 하나님의 지혜 그 자체이시며, 지혜의 참모습을 지닌 분이셨다.

- 우리가 사는 세상에는 지혜로운 공동체를 형성하고 지혜롭게 살아가는 지혜로운 제자들이 필요하다. 지역적이고 세계적인 모든 차원에서, 삶과 사역의 모든 영역과 장소에서 모습을 드러낼 제자들이 필요하다는 말이다. 이들은 세상을 고쳐 보겠다는 태도가 아니라, 귀 기울여 듣고 보고 관계하고 실천하고 사랑하는, 겸손하고 담대한 소명의 사람들이어야 한다.

지혜는 하나님이 사랑하시는 장소에서, 삶 속에서, 관계 속에서, 예수님처럼 문화와 본능을 거스르며 사는 것을 의미한다. 지혜를 이렇게 정의하면, 지혜의 개념이 현실로 다가와서 삶을 완전히 변화시키는 영향력을 갖게 된다. 이는 교회가 구원의 좋은 소식만을 찬양하는 것이 아니라, 이 세상을 구원하기 위해 죽으신 바로 그 하나님이 일상 가운데 생명력 넘치는 사랑을 주신다는 좋은 소식 또한 기뻐한다는 의미에서 그렇다.

그리스도인들이 하나님과 하나님의 역사하심이 지혜라는 사실을 인정하면, 지혜야말로 이 세상을 창조하고 설명하고 구원하는 것이라 인정하는 것이다. "하나님이 세상을 이처럼 사랑하사 독생자를 주셨으니, 이는 그를 믿는 자마다 멸망하지 않고 영생을 얻게 하려 하심이라"(요 3:16)라는 말씀은 단순한 종교적 주장이 아니라 실재 주장(reality claim)이다. 우리의 믿음을 이 선언에 기반한다는 것은 지혜롭게 실재에 상응하며 산다는 것을 의미한다. "하나님이 사랑"이시라면,

사랑하는 것은 실재를 구현하는 것이다. 사랑에 대해 얘기하는 것은 옳을 수 있으나, 실제로 사랑하는 것은 지혜로운 것이다. 이는 당신이 처한 상황에서 당신의 삶을 통해 드러난 하나님의 진리와 성품이기 때문이다.

나병 환자의 이름을 부르고 만지고 치료하심으로써 예수님은 보고도 외면하지 않는 지혜를 보여 주셨다. 이것은 우리가 원했던 그 이상의 지혜와 실재였다. 지혜에 대한 '통찰'은 어떤 주장 안에 있는 실재에 얼마나 상응하느냐에 따라 가치가 결정된다. 지식이 아무리 뛰어나도 우리가 현실을 이해하고 그 현실 속에서 그 지식을 적용하지 않는다면 지혜롭지 않은 것이다. 예수님이 우리에게 어린아이처럼 되어야 한다고 말씀하신 이유가 바로 이것이다. 이것이 하나님 나라의 삶의 지혜다.

성경적으로 보면 지혜는 지혜가 필요한 곳에서 담대히 행동할 수 있게 한다. 지혜는 주변에 있는 학교에 들어가 겸손히 섬기게 하고, 고객을 잃을 위험을 감수하더라도 정직하고 겸손하게 사업을 경영하게 한다. 과정이 더디고 눈에 보이지 않으며 위험하더라도 성매매 피해자들을 구제하려고 노력하게 한다. 우리가 사는 도시나 동네의 안녕(*shalom*)을 구하게 하며, 특히 원수들이 평안하도록 기도하게 한다. 지혜는 기꺼이 자신의 재물을 나누게 하며, 자신의 나약함을 고백하고 약함 가운데 살게 한다.

이 모두는 지혜가 듣기만 하는 것이 아니라 주변에서 눈으로 **볼**

수 있는 것임을 의미한다. 지혜는 지혜를 행하는 사람의 이름이다.

- 워싱턴 DC에서 가정을 필요로 하는 수많은 위탁 아동들을 보고, '도시를 양육'하는 데 교회가 함께 참여할 것을 요청하는 애런.
- 샌프란시스코 베이의 공립 고등학교 학생들을 매일 사랑하고 도전하고 이들의 성장을 돕는 재닛.
- 학대당했던 자신의 경험을 바탕으로 단편 영화를 만들어 수많은 사람들의 치유를 돕는 탐.
- 목숨의 위협에도 아랑곳하지 않고 정치 폭력이라는 현실을 직시, 이를 인정하고 맞설 용기를 가진 테오진.

세계의 부르짖음

우리는 지금 일종의 분기점, 곧 개인적으로나 세계적으로 전무후무한 격동의 시대에 살고 있다. 앞으로 나아갈 길을 찾으려 하지만 쉽지 않다. 사람들이 이를 찾고 있다는 사실은 대단한 통찰이라고 할 것도 없다. 세계 방방곡곡에서 "문제를 해결해 달라!"는 사람들의 부르짖는 목소리를 들을 수 있기 때문이다. 이러한 혼란의 시기에 사람들은 상황을 개선해 줄 행동을 원한다.

전쟁, 경제 위기, 무차별적 폭력, 인신매매, 실업, 테러, 실패한 국가들과 신흥 국가들, 실망스러운 구호 활동, 문화 양극화, 지구온난화, 에이즈 등 만연한 공포들이 뒤에 숨어 있다가 계속해서 무대 중앙으로 나온다. 이렇게 경각심을 불러일으키는 불길한 사건들이 반복되는 가운데 우리는 괴로워하고 낙담한다. 이제 그만 멈췄으면 좋겠다. 우리는 어떤 관념보다는 고통을 덜어 줄 새로운 행동을 원한다. 누군가가 실제적인 변화를 가져올 무언가를 **해주기를** 바라고 있다.

우리 안의 거시적·미시적 문제들에 대한 해결책을 바라는 많은 이들은, 이런 해결책이 현실적이고 변화를 수반할 뿐 아니라 필요에 부합해야 함을 알고 있다. 환상이나 이상주의, 행동으로 이어지지 않는 말장난, 구체적 적용이 없는 천편일률적 대응으로는 이 문제들을 해결하지 못할 것이다.

성경적으로 보면 이는 지혜를 향한 부르짖음이다. 물론, 대부분의 사람들은 자신이 느끼는 갈증을 이렇게 표현하거나 인식하지 않을 것이다. 교회의 많은 이들조차 이렇게 말하지 않는다. 이는 우리 역시 지혜에 기대하는 것보다 더 실용적이고 현실 정치에 영향을 줄 것이 필요하다고 생각하기 때문이다.

그러나 성경의 지혜는 성취욕이 과한 사람들에게만 실천이라는 옵션을 던져 주는, 현명한 척하는 종교적 조언이 아니다. 지혜는 삶의 진정한 필요에 직면했을 때 행동으로 드러나는 성품이다. 행위가 없는 곳에는 지혜도 없다. 하나님의 지혜는 현실에서 도피하는 길이 아니라 신실한 참여의 길이지 영적으로 특혜 받은 사람들끼리만 나누는 비법이 아니다. 하나님의 지혜는 수동성을 탈피하고 행동으로 이끈다. 우리가 아무리 반석 위에 지은 집이라 고백해도, 행동하지 않는다면 이는 모래 위에 지은 집과 같다. 이해, 행동, 현실의 조합은 하나님이 예수 그리스도 안에서 우리에게 주신 것이며 따라서 요구하신 것이다. 행동을 추구하는 것은 신학적으로나 사회적으로나 합당한 일이다. 이는 우리가 성육신과 십자가와 부활의 백성이라면 더욱 그렇다.

물론, 교회 밖에서 해결책이나 변화를 요구하는 사람들은 복음의 좋은 소식이 이러한 문제들과 어떤 연관성이 있는지 잘 깨닫지 못한다. 교회의 많은 사람들 역시 그렇다. 교회 안팎에 형식과 내용, 말과 행동, 목소리와 실제적인 참여의 불일치가 넘쳐 난다. 그러나 성경적 지혜는 사적인 공간으로 숨지 않는다. "지혜[는] 길거리에서 부르며 광장에서 소리를 높[인다]"(잠 1:20).

지혜의 외침

잠언 말씀처럼, 지혜는 우리는 물론 세상에 소리치고 있다. 지혜가 전하는 말은 우리뿐 아니라 우리를 둘러싼 이들에게도 생명을 준다. 우리의 직업이나 사역이 무엇이든, 기업에 근무하든 비영리단체에서 일하든, 예술가든 목회자든, 우리 모두는 생명을 주는 것이 무엇이며 이를 다른 사람들과 어떻게 나눌 것인지 알아야 한다.

이것은 지혜가 하나님과의 교제에 바탕을 둔 삶을 살게 해준다는 의미다. 지혜는 어떤 상황에서도 지혜롭게 살 수 있도록 우리를 강하게 해주며 우리를 변화시킨다. 우리의 정체성이 무엇인지 알려 주고, 정체성에 맞는 삶을 살도록 응원한다. 지혜는 지혜 자체이신 예수님을 따르며 우리를 통해 지혜를 보여 주라고 부름받았다는 사실을 상기시킨다. 지혜가 있고 없음은 흐르는 강물과 생수 한 병의 차이를 만든다. 양쪽 다 각자의 역할이 있지만, 강물은 평생 동안 사용하기에 충분한, 우리뿐 아니라 훨씬 더 많은 사람들을 먹일 물을 제공한다.

예수님은 지혜의 성육신, 곧 세상에 육신을 입으신 하나님의 진리와 성품이시다. 예수님을 따른다는 것은 시공간에서 성육신적인 삶으로 들어가는 것, 즉 하나님의 지혜인 미련한 십자가의 사역에 참여함을 뜻한다(고전 1:18). 이기적인 문화는 때때로 전체보다 개인을 우선하거나 전체에 해를 끼치면서도 개인에게 이익이 되는 것을 추구하지만, 지혜는 이와 반대되는 태도를 취한다. 그러나 이런 모습이 바로 우리 삶에 하나님의 지혜가 역사하고 있다는 증거가 된다.

지혜의 여정은 예수님의 길을 가는 토대다. 그 안에서 우리는 생명을 찾을 것이고 번성할 것이다.

실천하기

자신이 처한 상황에서 하나님의 진리와 성품을 드러내며 성경적 지혜를 보여 주는 사람들의 목록을 작성해 보라. 개인적으로 친분이 있는 사람도, 멀리서 지켜보기만 한 사람도 괜찮다.

- 이들의 어떤 행동이 지혜를 보여 주는가?
- 이들에게서, 혹은 이들 주위에서 인간 번성의 어떤 증거들을 찾아볼 수 있는가?
- 이들에게 동기를 부여하고 힘을 주는 것이 무엇인지 물어보라. 당신을 놀라게 한 부분이 있다면 그것은 무엇인가? 도움이 되는가? 오히려 의욕이 사라지는가?

9. 고난의 여정

안전과 건강과 풍요를 누리며 살아온 우리는 하나님의 부르심이 잠재적으로 선하다는 사실을 받아들이는 데 큰 어려움이 없다. 그러나 고난을 만나고, 특히 그 고난이 하나님의 뜻과 계획을 따르는 중에 일어난 것이라면 갑자기 혼란스러워진다. 우리가 번성하기 위해 지어진 존재라면, 어떻게 고난이 있을 수 있단 말인가?

이는 약속의 땅에 기반한 또 하나의 잘못된 생각이다. 약속의 땅 패러다임 안에서 하나님의 길을 따르는 이유는 바람직하지 않은 것들과 아픈 경험에서 벗어나 고통을 뒤로하고 젖과 꿀이 흐르는 땅에서 살기 위해서다. 그런데 그 길에 고난이 한 부분을 차지한다고 하면 약속의 땅은 사기처럼 느껴질 것이다.

고난이 실제로는 망명지에 있음을 드러내는 신호라면? 우리의 소명이 고통으로 가득한 세상에 들어가 이를 깊이 사랑하는 것이라면?

그런 세상을 향한 하나님의 사랑을 실천하는 것이 부르심과 소명임을 우리가 이해한다면? 이들이 의미하는 바가 썩 달갑지 않을 수도 있겠지만, 이는 우리가 아는 세상의 모습과 우리가 섬기는 하나님의 모습과 일치한다.

우리의 현재 위치 기억하기

거듭 반복하지만, 우리는 지금 어디에 살고 있는지, 그것이 하나님의 부르심에 대한 우리의 기대에 어떤 영향을 주는지 반드시 기억해야 한다.

중산층이고 주류 문화권에 속해 있으며 (바라는 만큼은 아닐지라도) 충분한 경제력과 자유를 갖고 있다면, 당신은 그런 대로 괜찮은 삶을 사는 축에 속한다. 전 세계 대다수의 사람들에게 우리가 매일 접하는 충분한 자원이나 자유는 당연한 일이 아니기 때문이다. 그들은 음식, 깨끗한 물, 안전한 집, 기본적인 교육, 폭력에서 벗어나 살 수 있는 자유, 의료 혜택 같은 것들을 쟁취하기 위해 싸우느라 하루를 다 보낸다.

그들의 삶을 잠시라도 경험한다면 우리 중 대부분이 고통스러워 미칠지도 모른다. 그러나 지금 수십억의 사람들에게는 이것이 자연스러운 일상이다. 세상을 향한 하나님의 사랑에 반응해 말씀을 듣고 실천하는 것이 진정 우리의 소명이라면, 고난의 삶과 고통의 장소에서도 예수님을 따라야 함을 기억해야 한다. 이는 어떤 방식으로든 "그 고난에 참여"해야 함을 의미한다(빌 3:10).

고난이 없는 소명을 찾는 것은 예수님을 따르지도, 현실 세계에서 살지도 않겠다고 결심하는 것과 마찬가지다. 복음서를 읽고 "자기 십자가를 지고 나를 따[르라]"(마 16:24)고 하신 예수님의 말씀을 듣고도 어떻게 고난이 자신에게는 해당되지 않는 일이라 생각할 수 있을까? 고난이 예수님을 따르는 목적은 아니다. 그러나 고난은 예수님을 따르다 보면 자연스럽게 따라온다. 예수님의 제자가 된다는 것은 고통받는 현실 세계를 사랑하라는 부르심을 따르는 것이기 때문이다. 우리가 지는 '십자가'는 우리가 처한 상황에서 나온 우연의 산물이 아니다. 그것은 사랑으로 자기 십자가를 지고 우리에게도 그와 같이 하라고 부르시는 예수님의 사랑을 닮아 가려는 의지적인 선택이다.

하나님 나라의 시각에서 보면, 소명은 성취와 만족을 찾는 방법에 관한 것이 아니다. 우리는 흔히 소명에 대해 독특하고 멋진 사람으로서 인생에서 최대한을 성취할 수 있는 완벽한 길을 찾는 것으로 생각하곤 한다. 그러나 이는 그리스도를 닮은 겸손이나 섬김과는 거리가 먼, 자아도취에 가깝다. 우리의 소명에는 기쁨이 있다. 그러나 이는 자신의 우선순위를 바탕으로 행복을 추구하는 것과는 다르다.

예수님은 순교자가 아니라, 예수님을 닮은 사람이 되라고 우리를 부르셨다. 여기에는 변화의 과정이 필요하다. 하나님의 크신 은혜와 사랑으로 우리의 관심은 자신이나 자신의 문제에서 우리가 섬기고자 하는 사람들과 그들의 필요로 서서히 옮겨 간다.

잭은 나에게 친형제와 같은 존재다. 비록 멀리 떨어져 살지만 지난 15년간 우리는 삶을 나눴다. 그는 우간다의 가난한 가정에서 열두 살 때까지 전기도 없이 살았지만, 마침내 에든버러 대학교에서 신학박사 학위를 받았다. 잭은 우간다와 아프리카의 다른 지역에서 기독교 지도자로서 열정적으로 사역에 참여해 왔고 최근까지도 캄팔라에서 주교로 섬겼다.

잭을 알고 얼마 되지 않았을 때 서양에서 온 많은 사람들과 함께 다수 세계 교회 지도자들의 신학적 깊이와 교육의 필요성에 대해 논의하는 자리가 열렸다. 잭도 이에 동의하면서 이렇게 덧붙였다. "다수 세계 교회가 서구 교회들에게 가르쳐 줄 수 있는 부분도 있습니다."

"예를 들면 어떤 것 말입니까?" 누군가 물었다.

"고통 가운데 기뻐하는 법 같은 거죠."

요즘 잭은 우간다에서 특히 아이들에게 큰 고통과 아픔을 주는 불의한 정부에 죽을 각오로 대항하고 있다. 진실을 말하는 그는 정권에 위협적인 존재고, 결국 그의 목숨마저 위태롭다. 잭과 그의 가족이 진실을 말하고 권력의 횡포에 맞서기 위해 마주하는 고통은 현실이다. 그러나 잭에게 있어 정말 고통받는 사람은 자신이 아니라 매일 그가 대변하는 수많은 사람들이다. 잭은 이 위협을 쉽게 피해 갈 수도 있었다. 한발 뒤로 물러나서 너무 큰 문제라고, 내 문제가 아니라고,

내 능력 밖의 일이라고, 노력해도 소용없다고 생각할 수도 있었다. 그러나 그는 자기 십자가를 지기로 했다.

오늘날 세계적으로 수많은 죄 없는 사람들이 원치 않는 고통을 당하고 있다. 아이들과 여성들이 특히 그렇다. 이들 중에는 하나님의 백성도 포함돼 있다. 매일 고통받는 '우리' 속에는 수백만의 믿음의 형제자매들과 하나님의 형상으로 지어진 훨씬 더 많은 사람들이 있다.

예수님의 이름으로, 우리는 고통받는 이들을 향해 나아갈 수 있는 특권을 받았다. 이는 세상에서 하나님의 백성으로 사는 소명 가운데 성숙하는 과정이다. 우리는 긍휼하고 정의로운 행동으로 하나님의 마음과 사랑을 드러내는 하나의 표지가 되길 원한다. 이는 우리와 마찬가지로 관계를 맺고, 필요를 느끼며, 희망을 가진 사람들을 만나는 사랑이다.

캄팔라의 잭, 다카의 프로딥, 미니애폴리스의 베스, 레딩의 조슈아, 로스앤젤레스의 수니는 모두 이런 위험을 무릅쓴 사람들이다. 이들의 이야기는 나에게도 현실이 되었다. 이들은 진실을 말하고, 자신 앞에 놓인 어려움에 뛰어들어 자신의 소명을 바탕으로 그리스도의 이름 안에서 모습을 드러내려고 위험을 감수했다.

우리가 자란 환경이나 처한 상황에 어떤 필요가 있을 수도 있고, 바로 그곳에서 특정하게 지속적으로 참여하라는 부름을 받을 수도 있다. 우리의 소명이 우리가 사는 장소나 지리적·문화적 전통으로 인해 형성된 것일 수도 있다. 중요한 것은 예수 그리스도의 이름으로 다른 이들의 고통에 동참함으로써 우리의 소명을 실천하는 것이다.

　내가 아는 많은 사람들은 조용히 마음을 다해 고통에 동참하는 삶을 살기로 결정했다. 일부는 지구 반대편으로 거처를 옮겼고, 일부는 자신이 사는 지역 안에서 다른 집으로 이사했다. 위탁 아동의 보호자가 되거나 아이를 입양한 사람도 있고, 아이들이 제대로 된 교육을 받지 못하는 학교에서 자원하여 가르치는 이도 있다. 어떤 사람은 자신의 소명으로 느끼는 일을 하기 위해 지위와 돈을 포기했고, 어떤 사람들은 불의에 대항해 매일 생명의 위협을 받으며 산다. 이들이 하는 일의 대가로 받는 것은 일상의 고통뿐이다.

　앤디가 도시 빈민 지역 아이들을 사랑하게 되고 이들을 섬기기 위해 로스쿨을 포기했을 때, 그의 아버지는 그와 말도 섞지 않았다. 로스앤젤레스에서 갱단의 일원들에게 음식을 해주는 제임스는 수차례 강도를 당했다. 은행원인 메리는 자신의 직업과 명예를 포기하고 대출 정책의 내부 비리를 고발했다. 선임 청소년 담당 목사가 저지른 상습적인 성폭력 사건 이후, 교회가 이를 인정하고 진실을 말하도록 이끄는 역할을 담당했던 피터의 삶은 여전히 이 비극적인 사건으로 얼룩져 있다. 이들 중 누구도 고난을 일부러 찾아다니지는 않았다. 그러나 이들은 예수님을 따랐고, 고난이 이들을 찾아왔다.

　이들은 모두 자신의 삶 속에서 다른 사람들의 고통을 함께 나누기로 결정한 사람들이다. 이들은 예수님처럼 사랑하는 소명의 삶을 선택했다.

부르심에서 오는 고통

때때로 사람들은 세상이 고통스럽기 때문이 아니라 어려운 일을 자초함으로 고통을 경험한다. 나는 지금 자신의 직업 때문에 고통받는 사람들을 생각하고 있다. 가장 대표적인 경우는 예술가다. '고통받는 예술가'라는 표현을 상투적으로 사용한다는 것은 그들에게 고통이 얼마나 흔한 일인지 잘 보여 주는데, 여기에는 그럴 만한 이유가 있다. 자신이 벌어들이는 수입으로는 형편없는 집과 값싼 음식밖에 누릴 수 없어서 괴롭겠다고 생각할 수도 있지만, 어디에 살고 어떤 음식을 먹든 예술가에게는 자신이 하는 작업 그 자체가 고통스러울 수 있다.

이런 고통을 경험하는 부분적인 이유는 예술가가 추구하는 창조적 표현이 자신에게는 절실하게 느껴지지만 주위 사람들에게는 그렇지 않기 때문이다. 이 사실은 그들에게 일종의 부조화를 느끼게 하며 고통의 원인이 된다. 대부분의 진지한 예술가들은 자신의 작품을 통해 다른 어떤 방법으로도 표현할 수 없는 인간 존재의 한 측면을 드러내고자 한다. 따라서 그들의 작품은 그 자체로 원초적이며, 허상 같기도 하다. 그들은 때때로 자기 생명의 중심에서부터 무언가 터져 나올 것 같은 느낌을 받지만, 이는 그리 쉽게 발산되는 것이 아니다. 예술가에게 고통은 생명 그 자체처럼 아주 기본적이고 필수적인 것이다. 그러나 그들이 사회에서 느끼는 소외감은 이러한 고통의 감각을 극대화시킨다. 특히, 많은 그리스도인 예술가들이 이러한 소외감을 경험하고, 자신이 교회뿐 아니라 하나님으로부터 단절된 것은 아닌지 고민한다.

이 모든 것이 어떤 감정이나 확신, 또는 시각을 표현하고자 하는 데서 오는 고통에 일조한다. 창조적인 행위는 흔히 복잡하고 미묘하고 간접적이고 불확실하고 느리고 불가피하고 강렬하다. 일반적으로 존재하는 한계 속에서 가장 심오한 인간의 경험이나 감정을 캐내는 예술가가 되는 것은 매우 힘들다.

종교적인 테두리 안에서든 밖에서든, 역사적으로 예술가들은 사회에서 소외되는 느낌을 받아 왔다. 여기에 작품에 자신의 모든 것을 바치고 있다는 사실을 보지도 깨닫지도 이해하지도 못하는 사회를 위해 대신 짐을 지고 있다는 느낌이 더해진다. 그렇다. '고통받는 예술가'에게 집이나 음식은 그저 한 부분일 뿐이다.

자신의 직업 때문에 고통받는 다른 사람들은 그들이 좇는 변화가 괴로울 정도로 느리고 감정적으로나 다른 방면에서 큰 대가를 요구하기 때문에 고통을 겪는다. 마틴 루터 킹이나 넬슨 만델라, 아웅 산 수 치 여사 같은 사회 개혁가들은 달성하기 아주 어려운 일을 하기 위해 비싼 값을 치른다. 자신의 생명을 내놓아야 하는 것이다.

자신이 헌신한 바를 위해 삶의 많은 부분을 포기해야 하는 사람들의 경우도 마찬가지다. 수십 년간 헌신적으로 보살펴야 하는 특수 아동이나 건강이 쇠약해진 부모를 위해 자신이 가진 전부를 바쳐야 할 수도 있다. 오랜 연구와 그에 따른 극심한 외로움으로 고립된 가운데 고통받는 사람도 있다. 선천적 장애나 가정 폭력 또는 전쟁에 의한 부상으로 인해 신체적·정신적 장애를 가지고 살아갈 수도 있다. 이러한 상황에서는 고난 가운데 혹은 그 고난을 극복하며 정직하고 성실하게 사는 것은 고사하고, 그저 살아가는 것만으로도 고통스러울 때가 많다.

나의 삶에서 가장 큰 용기가 되는 친구 더스틴은 뇌성마비를 가지고 태어나 걸을 수도 말을 할 수도 없지만, 그에게서는 빛이 난다. 그는 천국에서만 감당할 수 있는 소명이 있음을 인정하면서도, 정직과 노력과 믿음과 사랑으로 자신이 지금 감당할 수 있는 소명을 가지고 간다. 그는 자신이 망명지에 살고 있음을 안다. 자신이 번성하도록 만들어졌다는 것도 안다. 십 대 때 썼던 "나의 가장 중요한 결정"이라는 짧은 시에서 그는 부름받은 삶에 대해 이렇게 간증했다.

깊은 절망의 감정이 바나나 껍질 벗는 듯하다.
입 다문 마음속 문제들은 바보처럼 부정적인 생각 조각들을 쌓는다.
내게 눈에 띄는 장점을 계발하지 말라, 더 이상 글을 쓰지도 말라 한다.
뇌성마비때문에 무척 괴롭고, 포기하고 싶다.
지금과는 달랐을 것이라는 생각은 자기연민이 되어 떠오른다.
연민의 롤러코스터 위에서 보내는 시간에 점수를 매긴다면
말이 되지 못한 내 목소리는 백점일 것이다.
나는 바보라서, 누군가 나의 제대로 된 뇌 조직을 해부하는 데,

웃을 수 있는 내 능력을 시험하는 데 익숙하다.

내 마음속 어딘가에는 늘 정상이란 단어가 자리잡고 있다.

얼룩진 접시에 놓인 아홉 개의 정상적이고 대담한 생각들 말이다.

성금요일의 남자다운 아침,

누군가 염려 가득한 나의 길 잃은 이야기를 들었다.

그는 나에게 아무것도 요구하지 않으며 용감하게 다가와 기댔다.

큰 왕의 행동 같지 않지만, 그는 세상을 구했다.

예수라 이름 붙여진 이는 인간의 운명을 바꿨다.

자기연민을 향한 유혹은 내 마음을 병들게 하지만

예수님을 믿기로 결정함으로써 모든 것은 변했고, 쌓았던 조각은 무너졌다.

빛나는 생각들이 내 마음에 들어오고,

예수님의 사랑에 매여 나는 슬픈 감정을 놓아 준다.

나는 글 쓰는 이다.

하나님이 이 능력을 주셨다.

부활을 기억해야 한다.

영원은 내가 가진 시간이요, 지금은 내가 글을 쓸 시간이다.

더스틴은 그의 소명을 알고, 이를 실천하며 산다. 그는 망명지에서 번성한다. 그리고 그는 기다린다.

실천하기

당신의 마음에 특별한 울림을 주는 시편이나 시, 찬송, 가요, 예술 작품, 또는 다른 형태의 표현들을 모아서 비탄의 언어를 배워 보라.

- 자기 자신이나 사랑하는 사람, 또는 세상의 다른 사람들을 위해 이러한 슬픔의 노래들을 당신의 기도나 예배, 헌신의 시간에 포함시킬 방법을 찾아보라.
- 뉴스를 보거나 읽고 들을 때, 당신이 애통하며 중보할 지역적, 세계적 필요가 있다면 이를 눈여겨 보라.

10. 하나님은 무엇을 하라고 나를 부르시는가?

처음에 당신은 이 책의 각 장들이 개인적이고 특별한 소명을 이야기할 것이라고 예측했을 것이다. 나는 우리가 이제야 이런 질문을 할 수 있는 이유를 분명히 알기 바란다. "하나님은 무엇을 하라고 나를 부르시는가?" 하나님이 주시는 소명은 대부분 우리가 누구이며 무엇을 하는지와 관련이 있다. 그리고 그 소명은 우리가 얼마나 많은 일을 했는지가 아니라 예수님을 따르는 과정 전체를 통해 평가된다. 결론적으로 소명은 삶의 방향이나 직업이 아니라 예수님을 닮아 가는 과정에서 일어나는 지속적인 변화다. "너희는 먼저 그의 나라와 그의 의를 구하라. 그리하면 이 모든 것을 너희에게 더하시리라"(마 6:33).

아담과 하와, 아브라함, 모세, 다윗, 마리아, 요셉, 바울을 비롯한 성경 속의 수많은 이들이 하나님으로부터 개인적이고 명확한 부르심을 받았다. 성경에는 하나님이 특정한 사명을 위해 극적인 방법으로 개인을 부르시는 이야기가 자주 등장하는데, 여기에는 중요한 메시지가 담겨 있다. 성경 속에서 하나님의 성품은 반드시 하나님의 사람들을 통해 나타난다. 하나님의 목적은 그들을 통해 축복이 온 세계로 흘러가게 하는 것이다. 이것이 하나님이 세상을 구원하시기 위한 계획이며, 하나님이 이스라엘에게 주셨고 오순절에 교회가 탄생한 이래 지금까지 그리고 앞으로도 계속될 하나님의 부르심이다. 하나님께 속한 공동체의 일원으로 우리의 제일 소명은 주님을 따름으로써 이 부르심에 응답하는 것이며, 성령님은 그 일을 감당할 수 있도록 우리에게 힘을 주신다.

부르심과 변화

하나님이 어떤 방법으로 우리를 부르시는지는 온전히 하나님에게 달려 있다. 어떤 이들에게는 부르심이 마치 회심에 가까울 정도로 분명하게 나타난다. 그러나 많은 사람들에게 부르심은 오랜 시간에 걸쳐 다양한 방향으로 인도하는 수많은 경험과 관계를 통해 나타난다.

우리는 다차원적 존재이기 때문에 변화의 과정도 여러 측면에서 일어난다. 우리는 마음과 목숨과 뜻을 다하여 하나님을 사랑한다(마 22:37). 예수님이 첫째 계명을 인용하신 이 말씀은 우리의 영적인 삶에 여러 요소가 있음을 말해 준다. 마찬가지로 우리의 삶도 여러 부분으로 구성되어 있으며, 하나님께 사랑의 제사를 드림으로 각 부분이 가장 깊은 차원의 치유와 만족을 경험한다. 하나님은 우리를 있는 모습 그대로 받아 주시며 하나님이 바라시는 모습으로 변화시키신다.

그러나 이러한 변화의 과정이 쉽게 일어나는 것은 아니다. 부르심과 관련된 온갖 혼란스럽고 어려운 일들이 발생할 수 있다. 예를 들어, 특정한 장소에서 일하도록 부름받았다고 느꼈는데, 일이 진행되는 과정에서 엄청난 어려움과 반대에 부딪히는 경우가 있다. 하나님의 부르심을 따라 사는 것을 기대했던 것보다 훨씬 더 어렵게 만드는 상황이나 사람, 또는 내적 갈등에 맞닥뜨리기도 한다. 하지만 낙심할 필요는 없다. 이는 전혀 드문 일이 아니며 오히려 우리를 변화시키는 경험이기 때문이다.

나에게도 부름받았다고 생각했던 일이 고통스러웠던 경험이 있다. 그중 가장 힘들었던 때는 섬기던 교회에 부적합한 목회자라 느꼈을 때였다. 아주 오래전 일인데, 지금까지도 그 교회에서 섬긴 것이 과연 하나님의 부르심이었는지 잘 모르겠다. 확실한 것은 당시의 고난과 어려움을 통해 하나님이 나를 전혀 다른 사람으로 변화시키셨다는 것이다. 그 기간 동안 주님은 나의 깊은 곳을 다듬으시고 나를 새롭게 하셨다. 그때 이후로 나의 개인적인 소명과 관련된 모든 것들이 질적으로 발전했을 뿐더러 바람직한 방향으로 변했다. 그 교회에 부임했던 것이 하나님의 부르심이었는지는 확실하지 않지만, 그곳에서 일하면서 내가 변화된 것은 분명 하나님의 부르심이었다. 나는 변화의 조력자로 그곳에 갔지만 나 자신이 변화되어 그곳을 떠났다.

하나님의 부르심의 핵심은 우리 자신의 지속적인 영적 성장이다. 이는 우리가 "그리스도 안에서 완전한 자"가 되게 하려는 것이다(골 1:28). 예수님의 제자들에게는 깊이가 절실하다. 그리스도인이 피상적인 삶을 산다면 삶으로 예수님을 증거할 수 없다. 우리는 세상이라는 땅에 깊이 뿌리를 내리고 하나님의 말씀을 먹고 자라 철을 따라 열매를 맺는 나무처럼 깊이 있는 자로 성장해야 한다(시 1편).

부르심과 성령의 인도

이제 명확해졌겠지만 근본적이고 넓은 의미에서 소명에 성령님의 특별한 기적이 필요한 것은 아니다. 소명이 하나님의 비밀처럼 숨겨져 있는 것도 아니다. 하나님이 우리에게 주신 삶 속에서의 제일 소명은 우리가 어떤 일을 하든지 예수님을 따르는 것이다.

우리는 하나님이 제자들의 삶에 성령을 선물로 주셨으니 누구에게나 개별적인 소명도 주실 것이라고 기대한다. 우리에게 삶은 복잡한 수수께끼지만 성령님은 모든 문제에 대한 힌트와 해답을 알려 주는 수수께끼 풀이의 달인이시라고 생각한다. 이러한 시각에서 보면, 우리의 소명은 단계마다 특별한 계시를 통한 하나님의 인도하심을 구하는 것이 된다. 그러나 이것이 과연 성경이 보여 주는 하나님의 뜻일까?

하나님의 백성 모두가 성경에 나온 인물들처럼 극적인 부르심의 순간을 경험해야 한다고 생각하기 쉽다. 게다가 모든 문제에서 하나님의 인도하심이나 부르심을 기대하는 것이 합당한 일처럼 느껴진다. 이는 "너희가 얻지 못함은 구하지 아니하기 때문"(약 4:2)이라는 야고보의 말이나 "너희 구할 것을…하나님께 아뢰라"(빌 4:6)라고 교회에 촉구했던 바울의 말과 같이 성경의 권고에 바탕을 둔 생각이다. 우리가 구체적으로 무엇을 하기 원하시는지 하나님께 진정으로 여쭌다면 마땅히 하나님의 인도하심을 기대할 수 있다는 논리가 성립한다.

그러나 이러한 해석 때문에 어떤 일이 일어나고 있는지 면밀히 따져 보자. 요한일서 4:1은 우리에게 "영들이 하나님께 속하였나 분별하라"고 가르친다. 이는 기독교 논리로 포장된 욕망에 휘둘리는 것이 아니라 진리와 성령님이 우리를 인도하시도록 하기 위함이다. 예전에 매우 아름다운 선교사 자매가 말하길, 자신이 귀국하기 일주일 전에 다섯 명의 남성에게 청혼을 받았는데 하나같이 성령님의 인도를 받았다고 말했단다. 성령님이 그렇게 인도해 주시기를 바랐던 이들의 마음은 이해가 가지만, 하나님의 부르심이 아니었던 것은 확실하다.

이 이야기에서 성령님의 인도라 주장할 때 항상 겸손히 주의를 기울여야 하는 이유를 발견할 수 있다. 성부와 성자의 영이신 성령님에 대한 우리의 이해를 바탕으로 어떤 결론을 도출할 때는 그것이 하나님 아버지와 아들이신 예수님의 뜻에 합치하는지 확인해야 한다. 성경에 드러난 하나님의 중대한 속성은 예수 그리스도를 닮은 모습으로 모든 것을 재창조하시려는 열심이다. 특별한 인도하심이 있는 경우도 있지만 그럴듯한 영적 착각이 자리잡을 소지도 있으므로, 우리는 이를 잘 분별하도록 믿음과 지혜 안에서 성숙해야 한다.

성령님의 인도는 공동체 안에 있을 때 가장 잘 분별될 수 있다. 개인적 차원의 통찰에서는 알 수 없는 인도가 당사자와 하나님의 마음을 헤아릴 수 있는 형제자매들과 함께 나눌 때 드러난다. 성령님의 인도를 자의적으로 해석하거나 왜곡하지 않고 현명하게 분별하기 위해서는 그리스도 안에서 이를 듣고 신뢰하는 과정을 함께할 친구가 필요하다. 함께일 때, 우리는 성령님이 거하시는 전(temple)이 된다.

부르심과 성령의 열매

성령의 열매, 곧 "사랑과 희락과 화평과 오래 참음과 자비와 양선과 충성과 온유와 절제"(갈 5:22-23)는 우리가 하나님의 부르심을 따라 살 때 우리 삶 속에 자연스레 나타나는 증거다. 성령의 열매는 하나님이 존재하신다는 분명한 증거다. 우리 안에서, 삶을 통해 만들어지는 이 열매들은 우리의 삶의 근간이 되며 우리를 향한 하나님의 자비와 섭리의 특성을 나타낸다.

우리 삶의 소명이 예수 그리스도를 닮아 가는 것이고 그래서 우리 삶이 하나님의 성품과 사랑, 의로우심과 정의로우심을 비추기 시작한다면, 성령의 열매는 우리가 올바른 방향으로 가고 있다는 중요한 신호다. 생물학적인 열매에 꽃피는 시기와 성숙을 기다리는 시기가 있는 것처럼, 성령의 열매도 그렇다는 것은 지나친 말이 아니다.

예를 들어, 예전에 나는 앞으로 할 일들(결혼, 목회, 글쓰기 등)을 머릿속에 그려 보곤 했다. 결국에 모두 이루어지긴 했는데, 내 기대나 예상보다는 훨씬 늦은 때였다. 이제 와 돌이켜 보면 모든 일이 시기적절하게 진행되었음에 감사하다. 하나님의 때와 보이지 않는 역사를 신뢰하지 않고 억지로 열매 맺으려 노력했더라면 불가능했을, 훨씬 더 좋은 일들이 일어났다.

성령의 열매는 기다림과 불확실성의 기간이 필요하다. 병충해나 질병이 생길 수도 있다. 열매 맺는 것은 생물학적으로나 영적으로나 쉬운 일이 아니다. 예수님을 닮은 열매를 맺는 과정은 오랜 시간이 걸린다. 그 과정이 느리게도 불확실하게도 느껴질 수 있다. 내적으로 완전히 성숙하려면 겉에서 보는 것보다 더 오랜 시간이 걸린다. 그래도 괜찮다. 이러한 과정을 거쳐야만 열매를 맺을 수 있기 때문이다.

우리의 삶이 사랑과 희락과 화평을 비롯한 성령의 열매를 보여 준다면, 하나님의 전체적인 계획도 강력하게 드러날 것이다. 우리가 그리스도 안에서 성숙해 감에 따라, 우리의 성품은 (예수님을 닮아 가기 때문에) 점점 더 서로를 닮아 가고, 우리의 삶은 (하나님의 창조성과 각 사람에게 주신 은사를 드러내기 때문에) 점점 더 다양해진다. 정리하면, 우리는 그리스도께로 부름받았고, 그리스도를 닮아 가도록 부름받았으며, 그리스도 안에 있는 우리 삶을 드러내도록 부름받았다.

부르심과 말씀

성경은 우리의 믿음이 성숙해 가는 과정에서 하나님을 알고 세상을 향한 하나님의 계획을 더 잘 이해하는 데 아주 중요한 요소다. 성경은 우리와 우리의 소명을 향한 하나님의 소망을 드러낸다. 우리가 부분을 생각하며 전체를, 전체를 생각하며 부분을 읽을 때, 성경이 우리와 우리의 신학적·영적 상상력을 형성해야 한다. 이보다 더 중요한 일은 없다. 우리는 주의 깊은 생각과 묵상으로 성경을 제대로 읽는 법을 배워야 한다. 점괘 판이나 심리 테스트나 다트 판의 영적 버전으로 취급하는 것이 아니라, 우리의 믿음과 소명을 일깨우고 변화시키는 아주 중요한 이야기이자 안내서로 삼아야 하는 것이다.

   그리스도인 사이에서 인도하심을 구한다며 성경을 오용하는 사례는 무척 많다. 실제로, 그렇게 하지 않으려 노력해도 무의식중에 그러는 경우도 많다. 성경을 제대로 읽으려면 성경의 어떤 사건을 무작위로 가져다가 우리의 삶과 우리가 처한 상황에 대한 비유라고 끼워 맞춰서는 안 된다. 고난의 시기가 모두 광야는 아니며, 모든 시련이 요단 강도 아니며, 모든 위협이 가나안 땅의 거인도 아니다. 성경을 제대로 알고 이를 통해 하나님의 성품과 열심에 대한 확고한 확신을 갖는다면 하나님의 부르심을 들을 수 있다.

우리는 성경의 이야기를 바탕으로 우리 삶의 이야기를 만들어 간다. 우리의 소명에 대한 이야기는 성경 전체에 걸쳐 사람들을 부르셨던 하나님의 길고 다양한 이야기의 한 조각이며, 이는 과거와 현재를 통틀어 하나님의 신실하심과 사랑의 장대한 이야기의 일부가 된 성도들의 교제 안에 있다. **우리의** 소명은 (우리의 공통분모가 하나님이시므로) 동일하며, (우리가 서로 다른 존재이므로) 독특한 것이다. 성경에 드러난 하나님의 신실하심에 근거한 우리의 삶은 우리의 경험과 상호작용하여 살아 있는 말씀 안에 우리의 소명을 두게 한다.

부르심과 공동체

우리는 예수님의 제자들과 함께 있을 때 최상의 통찰력을 발휘한다. 진리와 희망으로 서로를 이해하고 바라보는 진솔한 사랑의 공동체에서는 자신이 누구인지, 어떤 은사를 가지고 있는지, 이러한 은사를 교회나 더 큰 공동체에서 하나님이 어떻게 사용하시는지 서로에게 비춰 보여 줌으로써 큰 도움을 줄 수 있다. 이는 스스로를 더 잘 이해하고 하나님과의 교제와 서로와의 교제를 새롭게 하는 데 도움이 된다. 하나님이 인도하신다는 생각이 들지만, 그리스도의 몸 안에서 우리를 잘 아는 누구도 같은 편에서 동의하지 않는다면, 이는 의심스러운 것일 수 있고 행동으로 옮기기 전에 재고할 가치가 있다. 그 반대의 경우도 마찬가지다. 그리스도의 몸에 속한 일부가 옳다 긍정하더라도, 좁은 교제 범위를 넘어 이를 뒷받침할 증거를 찾아보는 것도 현명한 일이다.

    소명을 듣고 이를 따라 살기 위해서는 우리 모두에게 어떤 모양으로든 공동체는 필요하다. 우리는 함께 예수님을 따르는 것이다. 나는 지난 삼십 년간 목회자 언약공동체 모임에 참석해 왔다. 이 모임에는 여러 형제자매들이 속해 있고, 우리는 삶의 많은 부분을 함께하며 가장 고통스러웠던 순간, 가장 기뻤던 순간, 그 사이에 해당하는 모든 것을 함께 나눴다. 수십 년에 걸쳐 서로의 이야기를 듣고 함께 사랑하는 가운데 우리 모두는 변화됐고, 확신이 있을 때나 혼란스러울 때나 부르심을 발견하고 이해할 수 있다는 멋진 선물을 받았다. 이는 오랫동안 함께 장거리 자동차 여행을 하고 있는 것 같은 소중한 경험이다.

부르심과 성령의 은사

하나님이 주시는 은사는 교회 사역과 세상에서의 사역을 위해 나타난 성령님의 역사다. 신약성경은 그리스도의 몸에 속한 각 사람이 교회 공동체를 위한 은사를 받았다고 단언한다.

우리는 부름받았기 때문에 영적 은사를 선용할 기회가 많을 것이라고 기대하기도 한다. 그러나 하나님이 우리의 은사를 반드시 지속적이고 예측 가능한 방식으로 사용하셔야 하는 것은 아니다. 은사는 다양하게 사용될 수도 있으며, 인생의 다양한 상황에서 필요할 수도 있다. 우리는 보통 우리의 은사를 발휘할 기회가 있을 때 가장 큰 만족감을 느끼곤 한다. 은사를 사용하는 것이 우리의 권리는 아니며 사용하지 못한다고 해서 우리의 권리가 침해되는 것도 아니지만, 은사는 우리가 그리스도의 몸을 어떻게 섬길 것인지 중대한 실마리를 준다.

은사는 성령님과 사랑의 공동체, 그리고 우리 자신의 노력이 복합적으로 작용하여 발견된다. 어떤 부분에 기여할 수 있을지 알려면 그리스도의 몸을 섬기는 자리로 나아가야 한다. 조직적인 교회 생활의 다양한 부분들을 세우는 은사도 있다. 전도하는 사람, 목회하는 사람, 설교하는 사람, 가르치는 사람, 격려하는 사람, 행정 문제를 처리하는 사람, 찬양 인도자, 장로 및 집사들이 이에 해당한다. 이러한 은사들은 모든 세대에서, 그리스도의 몸이 취할 수 있는 모든 종류의 모임, 예를 들면 가정 교회, 온갖 종류와 다양한 규모의 회중, 기독교 사회단체 등에서 사용될 수 있다.

부르심과 개인의 장점

그리스도의 몸을 세우기 위한 영적 은사에 더해, 우리는 소명을 실천하며 사는 데 매우 중요한 개인적인 장점과 특성들을 가지고 있다. 다시 말하지만, 모든 사람에게 기회나 선택권이 주어지는 것은 아니기 때문에, 우리의 장점과 특성이 발견되고 계발되고 선하게 사용될 수 있다면 그것은 굉장한 축복이다. 이러한 일이 많으면 많을수록, 관련된 모든 사람들에게 더 좋다.

나에게도 몇 가지 장점과 능력이 있지만, 온갖 종류의 한계도 있음을 잘 알고 있다. 본성과 성격과 습관과 배경 모두가 나 자신에 대한 지각을 형성했을 뿐 아니라 나의 관심과 상상력에 영향을 주고 나의 에너지를 끌어내 줌으로써, 내가 할 수 있는 일을 통해 일터든 어디서든 기여할 수 있게 해주었다. 나의 소명 의식에 부합한 삶을 살게 되기까지는 시간도 오래 걸렸지만, 내 능력을 이해하고 한계와 두려움과 장애물을 극복하는 데 도움을 준 사람들이 많았다. 재능이 있어 할 수 있는 것과 재능이 없음에도 할 수 있는 것들을 시도하고 계발하는 데는 주위에서 나를 격려해 준 공동체가 필수적이었다.

우리 모두는 우리의 소명 의식에 영향을 주는 개인의 장점과 특성들을 받아들여야 한다. 재능 있는 바이올리니스트가 되는 것이 내 소명이라 생각할 수도 있지만, 내 삶의 어느 부분을 봐도 그건 내가 가야 할 길이 아니다. 이는 내가 성취할 수도 있는 일을 하기 위해 훈련이나 격려가 필요한 것과는 완전히 다른 이야기다. 우리가 누구인지, 우리의 삶과 재능에 부합하는 것이 무엇인지 고려해서 진술하게 가려내야만 한다. 이러한 노력을 통해 우리는 다른 누군가의 삶이 아닌 우리 자신의 인생을 살 수 있는 자유를 얻는다.

부르심과 상황

브루스는 뉴저지 도심의 아주 가난한 동네에서 사역을 이끌고 있다. 어떤 의미에서는 소명의 사회적 교차로에 살며, 거기에서 섬기고 있다 할 만하다. 이 사역은 어려운 형편에 처한 공동체를 섬기고자 하는 전문직 종사자들에 의해 조직되고 운영된다. 이들은 부름받았다는 소명 의식을 가지고 자원봉사자로서 이 일에 참여하고 있다. 여기에는 아이들의 삶의 질을 높이기 위해 무료로 진료를 봐 주는 치과의사도 있고, 하나님의 부르심으로 이해할 수도 그렇지 않을 수도 있는 더 나은 삶을 찾아 온 십 대들도 있다. 대부분의 경우, 이들이 내릴 수 있는 선택은 치과의사의 것과는 아주 다르다. 그러나 이들의 삶에도 하나님의 부르심이 있다.

우리는 모두 망명지에 있지만, 서로 다른 곳에서 산다. 우리가 있는 장소가 어떤 것을 하나님의 부르심이라 믿는지에 영향을 준다. 모든 상황에는 우리의 소명에 영향을 주는 기회와 도전이 있다. 당신이 부모이고 당신의 아이가 지속적으로 관심을 쏟고 돌봐야 하는 심각한 질병에 걸린다면, 당신의 소명은 아이의 필요를 채우기 위해 당신이 할 수 있는 모든 것을 다 하는 것이다. 여전히 회사에 나가야 하거나 다른 책임을 갖고 있을 수도 있지만, 당신의 아이를 돌보는 것이 당신의 소명이며 여기에 '통찰' 따위는 필요치 않다.

그러나 많은 사람들이 이야기한 것처럼, 필요가 언제나 소명인 것은 아니다. 어떤 상황에 있다고 해서 그 상황의 모든 문제를 다 안고 가야 하는 것은 아니기 때문이다. 그러나 대부분의 경우, 우리는 지역적 차원과 세계적 차원을 모두 살펴야 한다. 이런 질문을 던져 볼 필요가 있다. "지금 우리에게 주어진 상황의 지역적 현실은 어떠하며, 우리를 넘어선 더 큰 맥락 안에서 세계적 현실은 어떠한가?" 이 책을 읽는 대부분의 사람들에게 소명은 범세계적이면서 지역적이어야 한다. 세계적인 면과 지역적인 면이 서로를 일깨우고, 서로에게 영향을 주어야 하는 것이다. "생각은 세계적으로, 행동은 지역적으로"라는 말은 이를 실현하는 한 방법이다.

우리는 전 세계에 만연한 빈곤 현상에 관심을 가지고, 우리가 사는 지역으로 이주해 온 사람들을 어떻게 대할 것인지 고민한다. 먼 곳에서 일어난 전쟁 이야기를 듣고, 동네에 자리잡은 이민자들을 만난다. 교육이 전 세계적으로 아주 중요한 문제임을 깨닫고, 지역 학교에 변화를 가져오기 위해 헌신한다. 전 세계에 성숙한 제자들이 필요함을 듣고, 문화와 계층의 벽을 넘어 참된 제자가 되는 법을 배우는 데 우선순위를 둔다. 그래서 우리는 우리와 다른 배경을 가진 사람들에게 묻고 배운다. 오늘날과 같은 세상에서 그렇게 하지 않는 것은 근시안적인 일이다. 이는 만물의 주인이신 유일하신 분을 따르는 사람들에게는 더욱 그러하다.

부르심과 확신

부르심은 대개 우리의 가장 뜨거운 확신에서부터 시작된다. 우리는 우리가 가진 열정의 대상에 깊은 헌신과 사랑과 기쁨과 희생을 쏟는다. 예수 그리스도를 믿는 믿음은 세상에서의 우리 경험과 만나 특정한 문제를 인식하고 그 문제에 깊은 관심을 기울이게 한다. 이러한 과정 가운데 우리는 우리의 생각과 감정, 교육과 행동을 강화하는 특정한 방법으로 세상을 보게 된다. 꼭 필요하고 중요한 사람 혹은 어떤 것에 관심을 기울여야 한다는 확신이 강해지면서 우리는 행동하기 시작한다.

진지하게 예수님을 따르고자 한다면, "예수님은 내가 어떤 문제에 가장 큰 열정을 갖기를 원하시는가?"라는 질문을 던져 보아야 한다. 우리가 자란 문화나 배경, 또는 우리가 갖고 있는 선입견을 넘어 세상을 바라보고 관심을 기울이는 사람이 되기 위해서는, 복음서를 읽고 이를 내면화하는 것이 중요하다. 하나님이 어떤 문제에 관심을 갖고 계시며 이러한 문제들을 공동체 안에서 어떻게 함께 나눌 것인지 묻기 시작할 때, 우리의 소명은 개인적인 문제에서 저마다의 확신과 소명 의식을 가진 사람들의 공동체적 확신으로 옮겨 간다.

목회자로서 스스로의 문제와 우리를 둘러싼 세상의 온갖 문제들에 관심을 가진 다양한 사람들을 섬기면서, 나는 이러한 일이 일어나는 것을 항상 보았다. 한 사람의 확신이 몇몇 사람의 확신이 되고, 그것이 다시 교회 대다수의 사람들이 지역적·세계적 필요에 반응하여 행동하는 원동력이 되었다. 한번은 어려운 상황에 있던 중학생이 시작이었고, 한번은 흑인들이 대거 투옥되는 국가적 위기 상황이 시작이었다. 어떨 때는 개인이 느끼던 전도의 절실함이, 또 어떨 때는 치유가 필요한 사람을 위한 중보기도가 시작이었다. 이들이 '그리스도의 마음'을 품고 이를 세상에서 뚜렷이 드러내면서 이러한 중요한 필요에 반응하는 소명이 시작되었다. 모든 것을 다 할 수는 없어도 무엇인가는 할 수 있다는 사실을 알게 되었고, 이들은 마음의 확신을 따라 행동했다.

부르심과 시간

우리에게 주어진 모든 시간은 선물이고, 우리의 (거의) 모든 활동은 그리스도의 제자 된 소명을 실천하는 삶 가운데 향기로운 제사가 될 수 있다. 개인위생 활동, 옷 입기, 먹을 것과 마실 것을 찾는 일, 음식 준비와 식사, (물리적으로) 돌아다니는 일, 말하는 것, 듣는 것, 노동, 안전을 확보하려는 노력 등이 여기에 해당한다. 자연을 관리하는 우리의 책임, 우리 몸을 비롯해 다른 사람들의 몸과 삶을 향한 관심과 돌봄, 우리의 관계 및 우리가 직면한 위기와 시간을 사용하는 우선순위가 이러한 활동을 통해 드러난다. 이들 모두는 일상생활의 바탕이며, 따라서 이러한 일상적인 행위들은 우리 존재의 일부이자 제자 된 우리 소명의 일부다.

그렇다면, 우리의 모든 시간은 우리의 소명을 위한 것이다. 여러분은 이런 점이 궁금할 것이다. "우리의 가장 중요한 시간을 우리의 가장 중요한 소명을 위해 사용하려면 어떻게 해야 하는가?" 이는 자연스럽게 직업에 대한 문제로 이어진다.

부르심과 일

하나님의 백성이라면 누구나 부름받았다는 사실이 이제 충분히 명확해졌을 것이다. 소명은 기독교의 공식적인 직분을 가진 사람들뿐 아니라 하나님의 백성 모두에게 해당되는 말이다. 16세기 종교개혁가들은 하나님의 백성 모두의 사역을 천명했지만, 대부분의 개신교 교회는 사제의 성직을 목사의 성직으로 대체하는 데 그쳤다. 마르틴 루터는 좀더 통합적인 시각을 갖고 있었다.

들에서, 정원에서, 도시에서, 가정에서, 정부에서, 고난 중에 우리가 하는 모든 일은, 이를 통해 들과 집과 모든 장소에서 베푸시기를 기뻐하시는 하나님 앞에서는 한낱 어린아이의 장난에 불과한 것이 아닌가? 이는 우리 주 하나님의 가면이며, 하나님은 그 뒤에 숨어서 모든 것을 하기 원하신다.[1]

신학은 그 반대를 이야기하고 있음에도, 성스러운 것과 세속적인 것은 지속적으로 구분되어 왔다. 그 결과 '소명'은 여전히 기독교 지도자들의 '성스러운' 직분의 영역에 속하며, '세속적인' 형태의 일에 에너지를 쏟는 사람들에게 적용되는 단어가 아니었다. 어처구니없는 일이다. 교회의 98퍼센트가 하는 일을 하나님의 부르심을 실현하는 것이 아니라 "그냥 일하고 있을 뿐"이라는 말이기 때문이다. 그 98퍼센트가 교회 사역을 가능하게 하는 재정을 공급함에도 불구하고, 이들의 노력이 '세속적인' 것으로 비하될 때는 더욱 화가 난다.

소명을 가장 넓은 의미에서 봤을 때, 누구나 어떤 환경에서 일하든지 신실한 제자로서 하나님의 부르심을 따라 살 수 있고, 그렇게 해야만 한다. 이는 사람들의 정체성과 가치가 실현되고, 자신의 모든 것으로 하나님을 사랑하고 자신의 몸과 같이 이웃(상사, 직장 동료, 고객 등)을 사랑하라는 부르심이 실현되는 것이다. 즉 우리가 하는 일과 그 영향을 통해서 우리가 만나고 우리가 알게 된 모든 사람을 향한 하나님의 사랑과 정의를 실현하도록 노력한다는 의미다.

이는 관심이나 격려가 필요한 사람들을 돌보는 것일 수도 있고, 일터를 좀더 인간적이고 생산적인 장소로 만들기 위해 창조적으로 생각하는 것일 수도 있다. 직장에서 직원들의 사기나 성과에 영향을 줄 수 있는 불의나 불평등을 목격했을 때 (특히 말단 직원을 대상으로 한 것이라면) 주저하지 않고 목소리를 내는 것일 수도 있다.

더 구체적으로 말하면, 자신이 하는 일의 종류를 선택할 수 있는 사람들(이 책을 읽는 대부분의 독자들에 해당하겠지만, 세계의 사람들 대부분에게는 해당되지 않을 수도 있다)은 일과 관련해서 자신의 기술과 능력을 가장 잘 사용할 수 있는 방향으로 이끄시도록 하나님께 간구할 수 있다. 이때, 우리의 성격과 본성과 능력과 환경 같은 모든 요소들이 우리가 어떤 직업을 선택하는지에 영향을 준다. 이때 현명한 결정을 내린다면 우리는 이 땅을 다스리는 일과 직장 및 사회 전반에 우리가 할 수 있는 최고의 것으로 이바지할 수 있다.

부르심과 월요일 아침

우리는 일하도록 부름받았다. 일상의 노동을 비롯한 우리의 삶 전체는 예수님의 제자가 되어야 하는 우리의 소명에 속한다. 우리가 종사하는 일이 가구를 만들고, 보험을 판매하고, 예술품을 만들고, 자산 관리를 돕고, 음악을 만들고, 가르치고, 그릇을 닦는 것이라면, 우리는 하나님께 드리는 제사로서 이 일에 임해야 한다.

최소한의 의미로 봐도, 우리의 직업은 제자로서 살고 일하는 소명을 실천할 수 있는 환경이 된다. 우리는 부름받은 대로 일터에 나가 예수님을 따르는 사람답게 말하고 행동한다. 일터에서의 청렴함, 노동의 정직함과 근면함, 공평과 정의를 실현하려는 헌신, 겸손과 능력으로 섬기려는 마음, 이 모두는 그리스도인으로서 직장에서의 책임을 받아들일 때 따라오는 결과물이다.

때때로 우리가 하는 일 자체가 우리의 소명인 경우가 있다. 어떤 일의 구성 요소나 목적이 이 세상과 우리나라, 우리가 사는 마을이나 지역에 기여하라고 부름받은 것에 정확히 부합하는 경우다. 예를 들어, 당신이 관리자라면 안전하고 생산적이며 보람 있는 작업환경을 만들라는 부르심을 느낄 수 있다. 이는 회사나 사업이라는 더 큰 목적에 속한 당신의 소명일 수 있다. 그림을 그리거나 음악을 만드는 예술가는 이러한 작업을 통해 자신의 창조성과 재능을 표현하려는 욕구가 집중됨을 느낄 수 있고, 일이 잘 풀리면 이 일을 함으로써 수입도 얻을 수 있을 것이다. 금융 자문가는 개인이나 조직이 살아남아 번창할 수 있도록 돕는 자원을 증가시키고 있다는 확신을 가지고 자신의 일에 임할 수 있다.

모든 사람의 직업은 제자 된 소명을 위한 환경이 될 수 있지만, 모든 사람의 직업이 그들의 소명인 것은 아니다. 많은 사람들이 스스로와 다른 사람들을 부양할 돈을 벌기 위해 그들이 할 수 있는 일을 한다. 이것은 좋은 일이다. 노동은 인간으로서 우리가 경험하는 건실한 부분이며, 우리의 시간과 신체적·정신적 건강을 유용하게 사용하는 것이다. 이는 이 땅과 우리 마음과 우리 몸을 관리하고 다스리는 일에 속한다.

물론 모든 일이 본질적으로 다 만족스럽고 의미가 있으며 서로 동일하다는 말은 아니다. 어떤 일은 불법적이거나 비도덕적이고, 어떤 일은 지나치게 단조롭고 반복적·기계적이라 그 자체로 폭력이 되기도 한다. 생존을 위해서 어쩔 수 없이 해야 하지만, 우리의 주된 소명에 집중할 수 없게 만든다고 느껴지는 일도 있다. 굶어 죽지 않기 위해 식당에서 서빙을 하는 예술가에게 기분이 어떤지 물어보면 알 것이다.

그러나 가장 중요한 것은 개인의 장점을 활용함으로써 노동의 거의 모든 차원에서 자신이 할 수 있는 만큼 기여하는 참된 제자들이 필요하다는 것이다. 이는 사실 상당히 어렵다. 그렇게 하면서 자신과 가족들과 다른 사람들이 살아가는 데 필요한 자원을 사용하도록 돈을 벌 수 있다는 것은 놀라운 축복이다.

소명은 우리가 하는 일에 동기와 힘과 가치를 부여하며, 우리를 고무시켜 준다.

부르심과 돈

여러 곳에서 언급된 바와 같이, 예수님은 다른 어떤 주제보다도 재물에 대해 많은 말씀을 하셨다. 재물이 권력 및 영향력에 대한 우리의 감각과 다른 사람들과의 관계, 하나님에 대한 의존성, 예수님의 길을 따르는 자유를 왜곡하는 방법들에 대해 자주 경고하셨다. 돈은 우리의 소명에 영향을 준다.

우리는 돈과 돈을 두려워하는 마음, 돈에 대한 염려와 돈에 끌리는 마음 모두가 하나님의 부르심을 듣고 따르는 데 영향을 줄 수 있다는 사실을 인정해야 한다. 돈에 대해 단 하나의 기독교적 관점이 있다고 주장해서는 안 되지만, 돈이 사람들의 소명 의식에 미치는 영향을 간과하는 것은 지나치게 순진한 생각이다.

소명 의식에 대해 이야기할 때 생존을 위해 돈을 벌어야만 한다는 사실을 언급하지 않고 지나가는 경우가 무척 많다. 최소한 적정 수준의 임금은 기대할 수 있어야 하고, 생활에 필수적인 요소들에 대해 걱정하지 않아도 되기를 바라는 것은 합당한 기대다. 비록 이 수준에 도달하는 것이 전 세계적으로 봤을 때 흔한 일은 아니지만, 미국과 여타 지역에 사는 많은 이들은 그렇게 산다.

어떤 사람들은, 특히 서구 세계에서는, 자신과 가족을 부양하는 데 필요한 것보다 훨씬 더 많은 돈을 버는 것이 자신의 소명이라 느낀다. 그런 경우, 그 돈이 정당한 수단을 통해 얻어졌는지, 도덕적으로 책임감 있는 방식으로 소비되었는지를 가장 먼저 고려해야 한다. 그렇다고 가정했을 때, 추가적으로 남은 돈을 어떻게 하는 것이 그 사람의 삶을 향한 부르심인가?

이 책을 읽는 대부분의 독자들은 자본주의 사회에서 살고 있으므로, 자본주의가 만들어 내는 돈과 부를 통해 하나님의 부르심이 표현될 때, 세상에서 얼마나 많은 일들이 일어날 수 있는지 잠시 멈춰 생각해 볼 가치가 있다. 예를 들면, 거의 대부분의 교회와 비영리 기독교 단체, 목회자 및 선교사들은 소명의 일부로서 돈을 벌고 이를 나누는 사람들 덕분에 재정적인 공급을 받는다.

이는 자본주의를 뒷받침하는 근거도 아니고 자본주의를 합리화하려는 것도 아니다. 우리가 갖고 있는 체제가 자본주의이고 그 안에 속해 있지만, 이를 비판할 자유가 있는 한 그리스도인들은 재물이 하나님 나라 사역에 필수적인 역할을 담당한다는 사실도 인정해야 한다. 재물을 공급하는 사람은 아주 중요하고 필수적인 일을 하고 있는 것이다. 슬프고 불공평한 일이지만, 소명의 일부로 돈을 버는 많은 사업가들은 이들의 재능과 넉넉함이 아니었으면 사역 자체가 불가능했을 것임에도 불구하고 교회 사역의 중요도에서 뒤로 밀리는 경향이 있다. 이들이 부를 창출하지 않았더라면, 전 세계에 있는 교회와 기독교 기관 및 조직들은 지금 그들이 하듯이 예수 그리스도의 사랑을 나누는 소명을 실천할 수 없었을 것이다.

재물과 소명은 밀접하게 연관되어 있는 경우가 많으며, 성숙한 제자들은 재물이 소명에 어떤 영향을 주는지, 하나님의 부르심을 듣고 따르기 위해 돈에서 자유해지는 방법이 무엇인지 솔직하고 확실하게 자신의 입장을 정리해야 한다. 이를 위해서 우리는 진솔한 형제자매들의 도움이 필요하고, 그리스도의 몸 안에서 우리의 소명과 관련해 재물이 갖는 가능성 및 위험에 대해 더 솔직해져야 한다.

부르심과 자원봉사

가족과 공동체와 직업에 대한 부르심을 넘어, 많은 사람들은 소명의 확장으로서 봉사 활동에 어느 정도의 시간을 보낸다. 이러한 노력은 우리의 관심사와 우선순위에 호소하는, 가깝거나 먼 곳의 필요를 채워야 한다는 확신에서부터 시작된다.

어떤 사람이 대부분의 시간을 일하는 데 보내고, 하나님께 드리는 제사로서 이 일에 임하고 있다고 가정해 보자. 이 사람은 자신이 하는 일 이상으로, 어쩌면 전혀 다른 종류의 필요와 관련하여, 자신이 사는 지역의 폭력 문제나 인종 갈등, 노숙자 문제, 어려운 상황에 처한 주변의 학교, 남아시아의 성매매 문제에 관심을 가지는 사람도 있다. 어떤 변화를 위해서 시간과 재능, 물질과 도움, 생각과 에너지와 열정을 쏟는 것은 소명의 표현이다.

예를 들어, 자신이 잘해서가 아니라 그것이 도움이 될 것이기 때문에 모금 운동을 시작하는 사람을 생각해 볼 수 있다. 혹은, 은퇴한 건축가가 어려운 환경에서 공부하는 어린 아이들을 사랑하기 위해 기쁨으로 자원하여 일할 수도 있다. 그 사람의 평생 직업은 아닐지 모르지만, 의심의 여지 없이 그의 소명 의식에 부합하는 일이다.

모든 제자들이 교회에서 하는 봉사 프로그램에 자원해야 하는가? 충분한 일감이 없는 경우가 많기 때문에 이는 불가능하다. 그러나 제자라면 누구나 그리스도의 몸을 세우는 역할을 담당해야 한다.

모든 제자들이 더 넓은 그림을 염두에 두고 자원하여 봉사해야 하는가? 그렇다. 이는 언제나 필요하며, 언제나 가능하다. 제자라면 누구나 예수님의 이름으로 우리를 둘러싼 세상을 돌보는 데 일조해야 한다.

과정이 목적이다

영적 성장의 과정 그 자체가 바로 우리를 향한 하나님의 부르심이다. 우리의 삶에서 하나님이 우리를 변화시켜 주실 것을 구하는 일은 과정인 동시에 목적이다. 예수님을 따름에 있어 목적지가 다는 아니다. 우리는 목적지에 다다를 수 없다. 우리는 일어나서 하루를 살고 잠자리에 들고 또 하루를 살기 위해 일어난다. 이는 제자들이 항상 알고 있었고 모든 제자들이 새롭게 발견해야 하는, 놀라운 영적 여정이다.

실천하기

당신과 관련된 소명의 다양한 측면에 대해 떠오르는 생각을 플래시 카드 한 장에 하나씩 적어 보라. 적은 카드를 다시 보면서 반복되는 패턴이 있는지 찾아보라. 이전에는 눈치채지 못했던 어떤 공통점이 있는가? 좀더 관심을 기울인다면 당신에게 도움이 될 만한 부분은 무엇인가?

- **성령의 인도**. 성령님의 인도를 경험한 일은 언제인가? 당신은 영적 계시를 강조하는 경향 혹은 무시하는 경향이 있는가? 당신이 속한 공동체의 도움을 받아 "하나님께 속하였나 분별"하는 방법은 무엇인가?(요일 4:1)
- **성령의 열매**(갈 5:22-23). 삶에서 가장 뚜렷하게 드러나는 성령의 열매는 무엇인가? 비교적 드러나지 않는 열매는 무엇인가? 어떤 부분을 성장시키기 위해 노력해 왔는가?
- **말씀**. 어떤 성경구절이 격려나 도전, 위로나 따끔한 질책이 되었는가? 자주 찾아보게 되거나 특별한 울림이 있는 성경의 이야기가 있는가?
- **공동체**. 소명을 깨닫고 변화되는 데 도움을 줄 수 있는 믿을 만한 친구, 가족 및 동료는 누구인가?
- **성령의 은사**. 당신의 영적 은사는 무엇이라 생각하는가? 지금 그 은사를 사용하고 있는가? 어떻게 사용하고 있는가? 사용하지 못하고

있다면, 이러한 상황을 어떻게 슬퍼하거나 애통해할 수 있겠는가?
- **개인의 장점.** 정기적으로 활용할 수 있는 장점이나 능력에는 어떤 것들이 있는가? 아직 기회가 없었다 하더라도, 어떤 장점이나 능력을 사용하고 싶은가? 현실적으로는 어렵지만 갖고 싶은 장점이 있는가? 다른 사람들이 당신의 장점이라고 말하지만 스스로에게는 그렇게 느껴지지 않는 장점은 무엇인가?
- **상황.** 당신이 누구이며 어떤 일을 해야 하는지를 결정하는 데 문화나 민족, 사회, 도시, 직장 및 거주 지역이 어떻게 영향을 미쳤는가?
- **확신.** 당신은 어떤 일에 열정을 갖고 있는가?
- **시간.** 당신은 시간을 어떻게 보내는가? "가장 중요한 부분"을 차지하는 것은 무엇인가? 시간을 보내는 방식에 있어 바꾸고 싶은 부분이 있는가?
- **일.** 당신의 직업의 어떤 부분이 소명 의식을 반영하는가? 어떤 부분은 그렇지 못한가? 하는 일 그 자체가 소명이라 느껴지지 않더라도 일터에서 "빛과 소금"이 되는 소명을 완수할 수 있는 방법은 무엇인가?
- **돈.** 재정 상황이 당신의 소명에 어떻게 영향을 미치는가?
- **자원봉사.** 예수님의 이름으로 이 세상을 돌보는 데 도움을 줄 수 있는 봉사에는 어떤 것들이 있는가?

맺음말

가장 중요한 것: 빛과 소금

하나님의 백성이라면 누구나 예수님의 제자로 살며 자신의 정체성과 자신이 하는 모든 일에서 제자임을 드러내도록 부름받았다. '부름받은' 자라는 말은 특정한 환경에서 특정한 임무를 수행하는 특별한 집단을 지칭하는 것이 아니다. 전 세계에 걸쳐 모든 국가와 도시, 지역과 가정, 어느 곳에서든지 소명의 삶을 살고 섬기는 하나님의 백성 모두가 부름받은 자다.

개인적인 삶과 공동체적 삶에서의 헌신을 통한 우리의 목소리와 손길이야말로 다른 사람들에게 하나님의 임재를 실제적으로 느낄 수 있게 한다. 우리는 하나님의 계획 안에 포함되어 있다. 그러므로 우리는 그리스도의 몸으로서 성령의 권능에 힘입어 하나님의 성품과 이 세상을 향한 하나님의 계획을 드러내 보여 주는 중요한 증거가 되어야 한다. 하나님은 당신께서 원하시는 모든 방법과 수단을 선택하여 사용하실 수 있지만, 당신의 백성을 통해 일하시기를 기뻐하신다.

부름받은 삶을 시작한다는 것은 오늘날 예수님을 따라 사는 데 위협이 되는 요소를 극복한다는 뜻이다. 이는 우리가 어디에, 어떻게, 어떤 목적을 위해 사는지 확고히 하여 다시 선다는 의미다. 우리의 마음과 정신과 말과 행동에서 가장 중요한 것들을 우선하면 그 밖의 모든 것들도 제자리를 찾게 된다. 이를 통해 예수님을 따르는 것이 우리 삶에서 가장 중요하다는 명확한 깨달음을 얻는다. 우리는 교회를 따르는 것이 아니다. 사회를 따르는 것도 아니다. 우리는 정신을 바짝 차리고 예수 그리스도를 따른다. 그리고 그분과의 관계를 통하여 우리가 하는 모든 일을 이해하고 그 일에 참여한다.

부름받은 삶이 시작되면 예수 그리스도 안에서 하나님의 사랑을 매일 새롭게 경험하며 살게 된다. 누군가를 따르기 위해서는 그 주위에 있어야 한다. 우리를 현혹하는 많은 것들을 시야에서 걷어 내고 예수님이 우리 모두에게 주기 원하시는 풍성한 삶에 뛰어들어야 한다는 것이다. C. S. 루이스는 "영광의 무게"라는 설교에서 이를 잘 표현하였다.

우리 주님은 우리의 욕망이 너무 강한 것이 아니라 너무 약하다고 생각하십니다. 우리는 무한한 기쁨을 준다 해도 술과 섹스와 야망에 젖어 노닥거리는 무성의한 피조물입니다. 해변에서 보내는 휴일이라는 걸 도통 상상할 수 없어서 빈민가에서 계속 진흙 파이나 만들고 싶어 하는 무지

한 어린아이 같습니다. 우리는 너무 쉽게 만족합니다.[1]

여기서 말하는 휴가는 우리와 세상을 위해 하나님이 주시는 번성의 삶이다. 하나님의 사람은 하나님이 우리에게 허락하신 풍성한 삶에 훨씬 못 미치는 보잘것없는 삶에 만족해서는 안 된다.

예수님을 따르는 삶의 목적은 우리를 비롯한 모든 인간에게 하나님이 주신 번성의 축복을 누리게 하는 것이다. 우리가 그 길을 함께 가며, 창조되고 부름받은 목적대로 인생을 헌신하는 사람이 되길 소원한다.

가장 중요한 것

전 세계 20억에 달하는 예수님의 제자들이 하나님과 이웃을 사랑하라는 일차적인 소명을 실천하기 위해 매일을 살아간다면 어떻게 될까? 당장 우리부터 그런 삶을 산다면?

전 세계에 있는 사람들 대부분은 원하는 일을 선택하거나 적절한 일을 찾는 것이 거의 불가능하다. 선택권이나 대안이 없는 현실은 많은 사람들에게 고통을 주는 부조리다. 그러나 어떤 상황에 있든지 예수님의 제자라면 누구나 제일 소명을 실천하기 위해 노력할 수 있다. 그렇게 한다면 우리의 삶과 이 세상은 엄청나게 달라질 것이다.

밥은 물건 만들기를 좋아하는 목수였다. 목공은 그에게 기술이었고, 예술이었고, 기쁨이었다. 거기에 빠진 요소가 하나 있다면 그가 믿던 하나님과의 연관성이다. 적어도 그는 그렇게 생각했다. 그는 목공 일을 하기 위해 은행의 중견 간부로 일하면서 돈을 벌었다. 그가 직장에서 일한 것은 후에 자신의 작업실을 운영할 비용을 마련하기 위해서였다. 밥의 말에 따르면, 목공을 하는 시간은 '그만의' 시간이었다. 가정에 대한 책임도 노동도 스트레스도 없이, 그저 목공 그 자체를 즐기면 되었다.

하나님께 목공과 제자 되는 것 사이의 연관성을 묻기 시작했다고 밥이 이야기했던 기억이 난다. 새로운 인생의 시작이었다. 결국 그는 그가 알고 사랑하는 것들을 전하기 위해 두 명의 십 대 조수를 들였다. 그는 이들에게 나무와 디자인과 기술에 대해 그가 알고 있는 모든 것을 가르쳐 주었고, 더 나아가 아름다움과 그 아름다움을 창조하신 하나님을 전했다. 그는 나중에 이렇게 고백했다. "제게 목공은 예전보다 훨씬 더 아름다운 것이 되었어요. 혼자만 간직했던 특혜에서 함께 나눌 수 있는 재능이 되었기 때문이죠."

샤론의 부모님은 늘 삶에서 가장 중요한 두 가지는 신앙과 학교 성적이라 가르쳤다. 대놓고 말하지는 않았지만 현실에서는 이 둘의 우선순위가 오락가락했다. 그녀의 가족은 적어도 일주일에 한 번은 함께 교회에 갔다. 그러나 대학에 입학하면서 그녀는 혼자 지내게 되었고 좋은 성적을 받는 것에 매달리게 되었다. 그녀의 기숙사는 버클리 텔레그래프 가 근처(불량 청소년, 기인, 노숙인으로 유명한 동네-역주)였고 학교와 집을 오가는 길에 구걸하는 가출 청소년을 만나기 일쑤였다. 어느 날, 그녀는 강도를 당했고 컴퓨터가 들어 있던 가방을 빼앗겼다. 잃어버린 대부분의 물건은 새로 구입했고 파일도 복구했지만, 그녀의 마음속에는 가출 청소년들을 향한 미움이 매일 자라나고 있었다. 그녀는 자신의 안전을 걱정했지만 그보다 학업을 방해받을 가능성을 훨씬 더 걱정했던 것이다. 그녀는 이들이 자신의 성적을 위협하고, 자신의 삶을 송두리째 빼앗아 가는 것 같다고 느꼈고, 그 점이 가장 싫었다고 말했다.

대화를 나누던 중, 샤론은 자신의 완벽한 성적으로 하나님께 영광을 돌린다고 말했다. 또 그것을 하나님을 영예롭게 하는 일로 본다고 말했다. 그러나 우수한 성적을 받음으로써 의미와 중요성을 찾으려는 자신의 욕망은 보지 못하는 듯했다. 졸업을 할 즈음에 이르러, 예수님의 사랑 때문에 그녀의 마음과 세계가 열리기 시작했다. 샤론이 길거리의 아이들과 함께해야 한다고 생각했기 때문이 아니라 하나님을 사랑한다고 하면서 자신의 원수를 계속해서 미워할 수는 없다는 것을 깨달았기 때문이었다. 예수님이 주신 제일 소명이 그녀의 인생을 변화시키고 있었다.

앨런은 내가 만난 사람 중 가장 경쟁심이 강한 사람이다. 그는 세포 하나하나까지 경쟁으로 가득 찬 존재였다. 그러나 심각한 감정적 쇠약을 경험한 후 그는 자포자기했다. 마치 풍선 속에 빵빵하게 들어

차 있던 공기가 다 빠져나간 듯했다. 그저 성품이 부드러워졌다는 말이 아니었다. 그는 체념에 빠졌고, 자신의 내면으로 잠겨 들어갔다. 마치 우리 안에서 잠든 호랑이 같았다. 몇 년 동안, 나는 그가 다시 깨어날지 확신할 수 없었다.

언젠가부터 앨런의 우울증이 점차 사라지기 시작했다. 희미하게 느꼈던 하나님의 사랑의 빛이 뚫고 나오기 시작한 것이다. 앨런이 쓰던 일기는 놀라운 통찰력을 보여 주는데, 그중 어디에도 처절한 경쟁의 기운은 드리워 있지 않았다. 그가 그리스도 안에서 '다시 살아났을' 때 그는 마치 새로운 사람이 된 것 같았다. 훨씬 더 현명해졌고 정서적으로도 안정되었다. 더 겸손하고 정직해졌다. 다른 사람들이 빛 가운데로 나아와 번성하기를 간절히 바랐다. 이러한 정신적·영적 치유의 경험을 통해 그는 인생 상담 전문가가 되었고 지금은 다른 사람들이 하나님의 부르심을 들을 수 있도록 돕고 있다.

프란치스코 교황이 진정한 겸손과 사랑의 발로에서 다른 사람들의 발을 씻겨주고 약한 자들을 돌보며 가난한 자들을 먹일 때, 이는 교황이 되는 것이 그의 소명이기 때문에 하는 일이 아니었다. 의무 사항도 아니고 필요한 것도 아니었다. 교황의 자리는 오히려 예수님을 따르는 일을 어렵게 만들 수도 있었다. 그러나 프란치스코 교황은 예수님을 따르는 그의 소명을 오랫동안 실천해 왔고, 교황이 된 지금도 늘 하던 일을 계속하고 있을 뿐이다. 사람들이 충격을 받은 것은 그가 교황임에도 불구하고 그리스도인으로 살고 있다는 점이었다.

이런 모습들이 우리 모두에게 시사하는 바가 크다.

하나님이 우리에게 딱 맞게 특화된 직업이나 일이나 역할, 그 어느 것을 주시든지 간에, 예수님을 따르는 것이 제일 소명이며 가장 중요시되어야 하는 일이다. 서양 문화권의 교회는 매 순간 자신의 이익을 극대화하기를 추구하는 사회적 분위기에 휩쓸리고 있다. 이런 분위기로 인해 신실한 그리스도인이 하나님과 우리 자신을 가장 만족시켜 줄 완벽한 직장이나 배우자, 활동을 찾을 때까지는 하나님을 따르는 일을 할 수 없다는 생각에 빠지기 쉽다.

하나님은 넉넉히 베푸시며 다양한 상황에서 우리를 사용하기 원하신다. 때때로, 어쩌면 꽤 자주, 그리스도의 몸을 더 잘 섬기고 이 세상에서 증인으로 살게 하기 위해 하나님이 주신 은사를 어디에서 어떻게 사용할지에 대한 구체적인 인도하심이 있는 경우가 있다. 그러나 그러한 인도하심이 있든지 없든지, 우리는 이미 가장 중요한 소명을 받았다. "나를 따르라." 우리가 예수님을 따르지 않는다면 이차적 소명은 어차피 본래의 목적과 멀어진다. 우리는 가장 중요한 것을 가장 우선해야 한다.

바울의 간절한 소망은 "그리스도와 그 부활의 권능과 그 고난에 참여함을 알고자 하여 그의 죽으심을 본받아 어떻게 해서든지 죽은 자 가운데서 부활에 이르[는]" 것이었다(빌 3:10-11). 이는 삶의 유익을 극대화시키고자 하는 소명적 시각과는 전혀 다른 것이다. 소명을 영적인 권리로서 추구하는 것이 아니라 삶에서 드리는 산 제사로서 접근하는 방식이다. 이는 기쁠 때도 고통스러울 때도, 희망이 있을 때도 의혹이 들 때도, 충족되어 있을 때도 무언가를 기다리고 있을 때도 간직하는 소명이다.

제자로서 우리는 특정한 상황에서 섬길 수 있는 특정한 소명을 달라고 구할 수 있다. 그러나 이는 어떠한 상황 속에서도 제자로 살라는 하나님의 더 큰 소명 안에서 행할 때에만 진정 중요한 일이 될 것이다. 이는 소명이 상황보다는 인격의 문제이며, 형태보다는 내용의 문제라는 것을 보여 준다. 음악가가 되라. 사업을 하라. 관리자가 되라. 건축가가 되라. 부모가 되라. 정치인이 되라. 친구가 되라. 목회자가 되라. 그러나 무엇보다도, 그리고 무엇을 하든지, 예수님의 제자가 되라.

우리가 가장 먼저 해야 하는 일은 예수님의 제자로서 우리에게 가장 중요한 소명을 명확히 하는 것이다. 이는 세상을 바꾸고도 남을 것이다. 이것을 제대로 하면 우리 소명의 나머지 부분은 훨씬 더 명확해진다. 우리는 다른 방법으로는 상상조차 할 수 없는 놀라운 하나님의 증거가 될 것이다. 그리고 그것이 중요하다. 우리는 이 세상에 결핍된 것을 알고 그 빈자리를 채우기 위해 살아간다.

하나님의 백성 모두가 완벽한 직업을 찾거나 자신의 재능에 가장 잘 맞는 일을 하거나 자신의 가장 창조적이고 독특한 부분을 표현할 기회를 얻지는 못할 것이다. 빈곤과 불의, 교육이나 기회의 부재, 환경적 요소들은 일반적으로 많은 사람들에게서 이러한 기회를 박탈한다. 우리는 이들이 이런 기회를 얻기를 바라며 이를 위해 노력하기도 하지만 여전히 많은 사람들에게는 불가능한 일이다.

만약 당신이 가족을 위해서 하루에 대여섯 시간 동안 물을 나르고 있다면, 당신은 가족에게 가장 필요한 일을 하는 것이다. 당신이 처한 상황과 가족을 향한 사랑이 이를 당신의 소명으로 만들었고 이는 중요한 일이다. 당신이 불법 노동자고 가족을 경제적으로 부양하기 위해 할 수 있는 일이 노동 허가 없이 공사장에서 일하는 것밖에 없다 해도, 적어도 당신에게는 할 일이 있는 것이고 이 일을 함으로써 가족과 공동체를 섬기고 있는 것이다. 당신을 불안하게 하고 연약하게 만드는 상황 속에서도 당신은 하나님께 드리는 제사로, 사랑하는 사람들을 위해 최선을 다하는 소명으로 이 일에 임할 수 있다. 어쩌면 당신이 하고 있는 일이 당신의 선택이 아니라 가업이기 때문에 어쩔 수 없이 물려받은 것일 수도 있다. 그래도 당신은 하나님께 드리는 제사로 다른 사람들에 대한 섬김으로 이 일에 임할 수 있다. 혹 당신이 아이의 양육을 전담하고 있을지 모른다. 본래 계획하고 있던 바는 아니었지만 당신에게 직업이 가지는 의미보다 당신의 배우자가 직업을 생각하는 의미가 더 컸고 그래서 당신이 집에서 아이들과 노쇠한 부모님을 돌보고 있을 수 있다. 당신의 삶이 이런 모습일 것이라고는 상상해 본 적도 없고, 이런 일이 자신에게 적합하다는 느낌도 없었을 것이다. 그래도 당신은 이를 선물로 여기고 하나님이 주신 이웃과 예수님을 사랑하는 한 방법으로 받아들일 수 있다.

각자의 사정이 어떠하든 하나님의 백성은 모두 자기 모습 그대로 빛과 소금으로 살 수 있다. 하나님의 백성은 모두 소명을 받은 사람이며, 본인에게 주신 그 소명이 세상을 사는 동안 가장 중요한 소명이다. 이 부르심대로 사는 것은 어려울 것이다. 어려운 일을 우리에게 소명으로 주시는 이유는 그것이 지금 시급하며, 그 부르심에 응답하지 못했을 때에 우리가 큰 어려움에 처하기 때문이다.

우리가 삶의 가장 현실적이고 일상적인 장소에서 예수님의 제자가 되는 우리의 제일 소명을 받아들이고 이를 실천하며 산다면, 그 다음 것들은 제자리를 찾을 가능성이 높아지고 가장 중요한 것에 의해 결정된 중요성과 우선순위를 갖게 될 것이다.

가장 중요한 것들을 가장 우선할 때, 우리의 소명 의식은 우리의 성품을 변화시킬 것이고, 우리가 이 세상을 보는 눈을 바꿀 것이며, 우리의 자의식뿐 아니라 우리의 마음과 정신에 사랑과 정의를 받아들이는 방식을 변화시킬 것이다. 우리를 통해 이러한 특성들을 드러내고 실현하시기 위해 하나님이 갖고 계신 우리를 향한 소망과 계획이 그러하기 때문이다. 이 과정을 통해 우리는 빛과 소금으로 살 수 있도록 변화된다. 이것이 바로 우리가 예수님을 따르라고 부름받은 이유다.

우리가 성장해 온 방식에 특히 잘 어울리는 환경이나 일이 주어지거나, 우리의 힘과 재능을 쏟고 싶은 문제나 열정의 대상을 위해 일할 기회가 생기면, 우리는 단순히 뛰어난 재능이나 관심만이 아니라 이러한 환경에 필요한 것 이상을 공헌할 수 있다. 우리는 이 땅에 하나님 나라의 일부를 재현하는 것이다.

하나님은 우리가 이해할 수 없지만, 창조적이며 생명을 주는 방식으로 통치를 드러내신다. 제일 소명을 우선으로 할 때 우리는 창조하시고 유지시키시는 하나님의 상상력과 신실하심은 물론 그리스도의 사랑과 기쁨의 향기를 함께 가져온다. 참여와 정직과 청렴의 자원을 가져오고, 당신이 만나는 모든 사람에게 본질적으로 내재된 가치에 대한 관심을 가져오고, 모든 것을 회복시키시는 하나님께 당신의 일을 산 제사로 드리려는 열망을 가져온다. 이 모든 것들은 부름받은 삶을 시작하는 첫날부터 당신이 하나님 나라에서 가져오는 것이다.

이것은 우리의 소명을 실천하는 곳이 직장이든 학교든 이성 관계든 자신이 사는 지역이든 교회나 기독교 사회단체에서 맡게 된 역할이든 다른 형태의 사회봉사 활동이든, 하나님의 백성 모두는 예수님을 따른다는 공통된 소명을 갖고 있다는 의미다. 우리는 우리가 처한 상황에 어떤 어려움과 기회가 있는지에 따라 매우 다른 방법으로 이를 수행한다. 어떤 상황들은 더 자연스럽고 자유롭게 느껴지고, 어떤 상황들은 그 일이 훨씬 더 흡입력 있거나 어렵거나 시급한 일이기 때문에 우리 자신을 완전히, 더 쉽게 잃어버리게 한다.

직업으로 하는 일이 교회나 기독교 사회단체의 일이라면, 우리는 그리스도의 몸을 세우는 데 은사를 집중할 수 있는 훌륭한 기회를 얻은 것이다. 일부, 특히 교회에서 섬기는 이들에게는 믿기 어려울 수도 있겠지만, 우리는 교회의 사람들보다 교회의 주인을 섬기는 것이 우리의 소명이라는 사실을 기억하기 위해 부단히 노력해야 한다. 이 사실을 잊어버리는 것, 그리고 교회가 섬기는 사람들도 이 사실을 잊어버릴 수 있음을 잊어버리는 것은 아이러니하지만 흔히 발생하는 문제다. 목회자는 자신이 선한 목자 밑에서 일하는 양치기일 뿐이라는 사실을 너무 쉽게 잊어버린다. 이것은 쉽게 전염될 수 있고 당신을 그저 관료의 한 명으로, 당신의 교회를 그저 조직에 불과한 것으로 만들 수 있다.

무엇을 하든지

하나님의 부르심을 따라 살면서 우리는 우리가 누구인지 어떤 영적 훈련들이 하나님과 우리 이웃의 목소리를 귀담아듣게 하는지, 우리가 처한 상황이 망명지일 가능성이 높다는 사실을 잊지 말아야 한다. 더불어 우리는 이 모든 것을 혼자가 아닌 사랑받는 이들의 공동체 안에서 하고 있음을, 또 이보다 더 큰 성령님과의 교제 속에서 그리고 다른 성도들과 나누는 교제 속에서 하고 있음을 기억해야 한다.

마틴 루터 킹은 이렇게 말했다. "도덕적 세계가 나아가는 궤도는 길지만 결국 정의를 향한다."[2] 이는 하나님이 이 궤도를 돌보시기 때문이다. 그리고 하나님은 예수님의 제자인 우리가 길 잃은 세상을 향한 당신의 신실하심이 크다는 사실을 증거하는 삶을 살기 원하신다.

길 잃은 세상에서 길 잃은 교회의 일부로 지내지 말고, 하나님의 백성답게 세상 속에서 빛과 소금으로 살라고 부름받은 우리 존재에 대해 각자 그리고 함께 다시 생각해 보길 바란다. 그렇게 하는 가운데 우리는 모든 것을 온전케 하실 유일하신 분을 드러내는 증거가 될 것이며, 그 선한 사역의 일부로 우리를 사용하기 원하시는 분의 증인이 될 것이다. 우리 모두가 제일 소명을 날마다 실천하며 살기를 간절히 소원한다.

또 무엇을 하든지 말에나 일에나 다 주 예수의 이름으로 하고, 그를 힘입어 하나님 아버지께 감사하라. (골 3:17)

실천하기

세 명에서 여섯 명 정도의 사람들과 작은 모임을 구성하고, 개인적 소명이라는 주제를 탐구해 보라. 깨달음과 격려, 서로의 기도제목을 나누기 위해 몇 번 정도만 만나도 좋고, 아니면 이를 삶의 모든 여정을 함께할 장기적인 모임으로 만들어도 좋다.

감사의 글

지난 수십 년간 목회를 하면서 나는 그리스도를 알고자 추구하는 많은 사람들과 공동체를 만났고 그들과 함께 길을 걸었다. 이 책은 내가 누렸던 그런 특권에서 나왔다. 이 책에 담긴 많은 소중한 통찰들이 그들로부터 왔기 때문이다. 그들 모두에게 깊이 감사드린다. 가족들, 많은 친구들, 낯선 이들의 도움으로 나는 경청자, 친구, 더 폭넓은 문화들과 입장들의 관찰자로 성장할 수 있었다. 그들 중에는 음악가, 작가, 화가, 영화감독, 철학자 등이 포함된다.

제니퍼 애커먼의 도움이 없었다면 이 책을 쓰는 것은 불가능했다. 책을 쓰는 처음부터 끝까지 나를 도와 주었고, 특히 실천과 토론 질문들을 작성해 주었다. 그녀의 실제적인 지원과 제안과 격려 때문에 모든 과정에서 놀라운 변화가 일어났다.

이 책이 출간되는 동안 나는 풀러 신학교의 총장으로서 첫해를 보냈다. 나는 하나님이 이 영예로운 직위를 자유와 기쁨으로 수행하라고 초청하심을 느꼈다. 비록 이제 겨우 시작에 불과하고 배워야 할 것이 무척 많지만, 자유와 기쁨이라는 말은 지금까지의 나의 경험을 잘 표현한다. 이사와 교수와 직원, 그리고 학생들을 알아 가는 가운데 나는 더욱 많은 영감과 도전을 받고 있으며, 하나님의 소명을 함께 살고 나누고자 하는 소원은 점점 더 커졌다. 풀러 신학교는 다양한 은사, 다양한 상황을 가진 사람들을 하나님 나라의 부르심을 위해 성장하도록 돕는 일을 하고 있기에, 이 책의 주제는 우리가 추구하는 많은 일들의 배경이 된다.

세 명의 탁월한 동료, 토드 볼싱어와 스캇 코르모드와 더그 맥코넬의 도움에 감사한다. 그들의 조언으로 이 책이 훨씬 더 나은 작품이 되었다. 또한 글을 쓰는 동안 로버트 존스턴, 카르멘 발데즈, 애런 그레이엄, 커트 래버튼을 포함해 많은 사람들이 소중한 대화 상대가 되어 주었다. 물론 최종 결과에 대한 책임은 내게 있다.

캐스린 헬머스의 열정적 지지와 지혜는 큰 힘이 되었다. 신디 번치의 격려와 수고 덕에 결국 모든 조각들이 제자리를 찾았다. 이 모든 과정에서 받은 소중한 선물인 밥 프라일링과의 우정에도 감사드린다.

다른 때와 마찬가지로 아내 재닛에게 특별히 감사한다. 소명과 관련된 여러 주제들을 쓰면서 아내의 탁월한 모범과 헌신이 늘 떠올랐다. 책을 쓰는 과정과 풀러에 새롭게 정착하는 과정에서 보여 준 인내와 지원에 깊이 감사한다.

주

2. 길 잃은 세상, 길 잃은 교회
1) "A New Generation Expresses Its Skepticism and Frustration with Christianity", 2007년 9월 24일, www.barna.org
2) Andy Reinhardt, "Steve Jobs: There's Sanity Returning," *Business Week*, 1998년 5월 25일, www.businessweek.com/1998/21/b3579165.

3. 제일 소명
1) Mark Binelli, "Pope Francis: The Times They Are A-Changin,'" *Rolling Stone*, 2014년 1월 28일, www.rollingstone.com/culture/news/pope-francis-the-times-they-are-a-changin-20140128#ixzz2tGj3fY4s.
2) Blaise Pascal, *Blaise Pascal*, trans. W. F. Trotter(New York: P. F. Collier & Son, 1902), p. 182.

5. 삶의 방식 바로잡기
1) Frederick Buechner, *Wishful Thinking*(New York: HarperOne, 1994). 「통쾌한 희망사전」(복있는사람).

6. 삶의 초점 바로잡기

1) "Factoids" from *Bowling Alone*, www.bowlingalone.com에서 볼 수 있다.

7. 사랑의 여정

1) John Calvin, *Institutes of the Christian Religion* 1.1.

10. 하나님은 무엇을 하라고 나를 부르시는가?

1) "Exposition of Psalm 147," Gustaf Wingren, *Luther on Vocation*(Evansville: Ballast Press, 1994), p. 138에서 인용.「크리스챤의 소명」(컨콜디아).

맺음말. 가장 중요한 것

1) C. S. Lewis, *The Weight of Glory: And Other Addresses*(New York: HarperCollins, 1976), p. 26.「영광의 무게」(홍성사).
2) 마틴 루터 킹은 노예 폐지론자이자 유니테리언파 목사였던 시어도어 파커의 말을 인용했다.

옮긴이 하보영은 미국 라이스 대학교에서 문화인류학을 전공했다. 귀국 후 직장 생활을 하다가 기독교 진리와 지혜가 담긴 책을 번역 소개하는 문서 사역에 동참했다.

제일 소명

초판 발행_ 2014년 9월 15일
초판 5쇄_ 2023년 10월 20일

지은이_ 마크 래버튼
옮김이_ 하보영
펴낸이_ 정모세

펴낸곳_ 한국기독학생회출판부
등록번호_ 제2001-000198호(1978.6.1)
주소_ 04031 서울 마포구 동교로 156-10
대표 전화_ (02)337-2257 팩스_ (02)337-2258
영업 전화_ (02)338-2282 팩스_ (02)080-915-1515
홈페이지_ www.ivp.co.kr 이메일_ ivp@ivp.co.kr
ISBN 978-89-328-1372-1

ⓒ 한국기독학생회출판부 2014

책값은 뒤표지에 있습니다.
무단 전재와 복제를 금합니다.